JN082075

子どもの発達障害
子育てで大切なこと、やってはいけないこと

本田秀夫

SB新書
558

はじめに

この本は、「子どもの発達障害」を解説する本です。特に「発達障害の子どもの育て方」を解説していきます。「育て方」の本はすでにたくさん出ていますが、多くの本では親や先生が主役になっています。「親や先生は、発達障害の子をどう育てるか」という話になっているのです。

この本では、**子どもが主役**です。**幼児期から思春期にさしかかる時期までの子どもに限定して「発達障害の子は、どう育っていくのか」を解説**します。そのうえで「では、親や先生など大人たちはどうすればいいのか」をお伝えしていきます。

私は児童精神科医として30年以上、発達障害の専門医として「子どもが主役」という考えで診察を続けてきました。幼児期から成人期になるまでの長期にわたって診察してきた発達障害の方の数は、世界的に見ても多いほうだと思います。

発達障害の子たちは成長のペースがほかの子と違います。定型発達の子どもに近づける必要はありません。その子なりのペースで大人になっていけばいいのです。

本書で提唱するのは「こういう子どもに育てましょう」「親として、どう育てていくか」

というものではなく、「この子はどんな子なのか」からスタートする子育て本です。世の中の多くの子育て本と違うところがあるので、読んでいて戸惑うこともあるかもしれません。でも**「親の都合」を手放して「子どもの都合」で子育てをすると、親はとたんに楽になります。**

そもそも、子どもは親の都合に合わせて育っていくわけではありません。ですから、親の都合を優先していると、親はよく期待を裏切られ、イライラするかもしれません。子どもを主役にして子育てをしていけば、そんなイライラはなくなります。子どももイライラしなくなります。

そして親の都合を引っ込めると、親は「なるほど、この子はこういう子なんだな」「だとしたら……いまはこういう気持ちかな」などと考えられるようになっていきます。子育てでは親の都合、親の欲目、親の下心を捨てることが、とても大事です。簡単なことではないかもしれませんが、この本を読んで試みていただければと思います。

親が楽になり、子どもがのびのびと育ち、結果として、親子関係がよくなる子育て。それが**「子どもを主役にする子育て」**です。

特に発達障害の子の場合、個性的な子が多いので、親の都合で「平均的」「常識的」に育てていこうとすると、うまくいきません。でも親の都合を引っ込めて、子どもを主役にすると、うまくいきます。「この子にはどんな特性があるのか」「それに親として、どんな対応をしていけるのか」を考えるようにすると、いろいろな悩みが解消していきます。

なぜなら、発達障害の子は、その子の特性に合った対応を受ければ、のびのびと生活していけるからです。

この本を読めば、発達障害の特性がある子のことを、いままでよりもよく理解できるようになります。発達障害の特性がある子に、その子にあったほめ方や叱り方、接し方で対応していけるようになります。

また、本書の内容は、発達障害の診断がある子だけでなく、診断がない子にも役に立ちます。診断がなくても、発達障害の特性がある場合には、同じような対応が有効だからです。**「診断があるかどうか」にとらわれすぎないで、「この子はどんな子なのか」**と考えて対応していきましょう。

発達障害の診断がなくて、発達障害の特性があるかどうかもわからないという場合でも、この本を読んで「うちの子のことだ」と思ったら、この本の内容を生活にとり入れてみてください。悩みの解消につながることがあると思います。

発達障害の子には、自分を理解してくれる大人が必要です。

大人が子どものことを理解し、その子に合った子育てをしていけば、発達障害の子が不登校や身体症状、うつ、不安などの二次障害に苦しむことは減ります。みなさんにはぜひ、この本を二次障害の予防・改善のために役立ててほしいと思います。

私はこの本を親だけでなく、保育園・幼稚園や学校の先生、療育教室のスタッフ、医療・福祉の関係者など、発達障害の子に関わるすべての人に読んでいただきたいと思っています。

大人たち全員で、発達障害の子どもたちのことを理解して、子どもたちが日々の暮らしに苦しまなくても済むようにしていきたいものです。

第1章 発達障害の子育てを考える8つのクイズ

第2章 あらためて、発達障害とは？

第3章 発達障害の子のほめ方・叱り方

発達障害の子のほめ方：キーワードは「下心」

発達障害の子の叱り方：キーワードは「本気」

第4章 発達障害の子の暮らし方 場面別のポイント

前編　生活スキル編

後編 対人関係・勉強・学校編

第5章 あらためて、発達障害の子の育て方とは？

第1章

発達障害の子育てを考える8つのクイズ

この本にはいろいろなタイプの子が登場します

大人は発達障害の子に、どんな対応をすればよいのでしょうか。どうすれば、子どもがのびのびと育っていくのでしょう。

その答えは簡単には見つかりませんが、この本ではいろいろな場面を例としてとりあげながら、対応の仕方を解説していきます。その解説のなかから、子育てのヒントをつかんでいただければと思います。

いろいろな例を解説していく前に、最初にひとつだけ、みなさんにお伝えしたいことがあります。それは、この本の解説が、お子さんに当てはまらない場合もあるということです。

発達障害の子の個性はさまざまです。とても静かな子もいれば、とてもにぎやかな子もいます。静かなタイプの子について解説している内容は、にぎやかな子には合わない場合もあります。この本には、いろいろなタイプの子どもの話が登場します。お子さんに当てはまる話もあれば、当てはまらない話もあるでしょう。

「うちの子の場合はどうだろう?」と考えてみましょう

この本を読むときには、「うちの子の場合はどうだろう?」「自分だったらどう対応するだろう?」と考えてみてください。

なかなか難しいかもしれませんが、自分のこととして考えながら読んでいくと、「うちの子にも役立ちそう」「自分のやり方を見直すヒントになりそう」という話が見つかりやすくなります。自分たちを当てはめながら読むことに、ぜひチャレンジしてみてください。

といっても、いきなり実践するのは簡単ではないと思いますので、最初に少し練習してみましょう。子育てでよくある悩みを、クイズ形式でまとめてみました。「もしもこんな場面があったら、どう対応しますか?」という謎かけになっています。お子さんをイメージして「うちの子の場合は」「自分だったら」と考えながら、答えを選んでみてください。

問題のあとには解説があります。解説を読んで「うちの子にも当てはまる」と思ったら、その内容を生活のなかでとり入れてみてください。正解とされていることがお子さんには合わないように感じたら、参考程度に読みましょう。いろいろな解説を参考にしながら、使えそうなアイデアをピックアップしてみてください。

Q1 小さなイチゴをもいだ子にどう声をかける？

2歳の子がある日、家庭のベランダ菜園から、まだ青いイチゴを勝手にもいできてしまいました。子どもはイチゴを指差して「大きい」「小さい」と言いました。それは、その子が初めて「大小」を学んだ瞬間でした。イチゴを勝手にもいでしまったのは困りますが、「大小」に気づき、親に伝えにきたのは喜ばしいことでした。

さて、そんなとき親は子どもにどう声をかけるべきでしょうか？

A1「イチゴを勝手にもいだこと」を叱る
A2「大小に気づいたこと」をほめる
A3「大小に気づいたこと」をほめてから、「イチゴを勝手にもいだこと」を叱る

解説

おすすめする対応は……3と思う方が多いかもしれません。ほめるべきところはほめ、叱るべきところは叱るというやり方です。

1は「叱る」だけの対応になっています。この場合、子どもはせっかく大小の違いに気

小さなイチゴを勝手にもいでしまう子

づいたのに、その喜びを親と共有できません。

私がおすすめする対応は2です。

なお、3は「ほめる・叱る」の両方をしていますが、子どもは一度に複数のことを言われると混乱することがあります。

特に発達障害の子の場合、情報処理が苦手な子がいるので、注意が必要です。発達障害の子は3のような話を聞いたとき、ほめられたことだけをよく覚えてしまうことがあります。親としては「ほめる・叱る」の両方をしたつもりでも、子どもはその情報を十分に処理できていなくて、「ほめられた！」とだけ理解している場合があるのです。

発達障害にはいくつかの種類がありますが、「自閉スペクトラム症」(48ページ)の子の場合、そのようなやりとりのあとで行動がパターン化することがあります。ほめられたことを喜び、イチゴをもぐことを習慣にしてしまう場合もあります。

それでも、**ほめるか叱るか悩んだときには、よかったところをほめて終わりにするとよいでしょう。**というわけで、間違いのない対応は2です。

よいこと(大小に気づいたこと)はさらっとほめる。イチゴを指差しながら「本当だ、大きいね」「小さいね」と一緒に話す程度でかまいません。それだけでも、子どもは親と喜びを共有できます。

そして悪いこと（イチゴを勝手にもいだこと）についてはなにも言わない。**悪いことをいちいち叱るのではなく、環境を変えることで対処していく。**例えば、イチゴを子どもの視界に入らない場所に置く。そうすれば、子どもがイチゴを勝手にもいでしまうことはなくなります。わざわざ叱らなくても、問題をさりげなく解決することができるわけです。

子どもに当てはまりそうなら、試してみよう

この例は、どんなタイプの子にも（発達障害の特性の有無に限らず）当てはまる基本的な対応と言えますので、「なるほど、やってみようかな」「うちの子にも使えそう」と感じた方もいらっしゃるでしょう。

このような対応は、発達障害の特性がない子にも有効ですが、なんらかの特性があって情報処理が苦手な子の場合には、より有効です。

日頃お子さんとやりとりをしていて、「注意したはずなのに、意図が伝わっていないことが多い」という悩みがある場合には、**ほめる場面では「ほめるだけ」という対応に切り**

替えてみると、状況が改善するかもしれません。チャンスがあれば、試してみてください。

次も、子どもへの声かけ場面での質問です。みなさんだったら、どう対応しますか？

Q2 電灯のスイッチをいたずらする子にどう声をかける？

年長の子どもに、困ったクセがついてしまいました。部屋の電灯のスイッチを入れたり切ったりすることが大好きで、どこに行ってもスイッチを勝手にさわってしまうのです。注意されてもニヤニヤと笑ったりしています。本人としてはいたずら気分のようで、何度叱られても行動をあらためようとしません。

この場合、どのような言い方をすればよいでしょう？

A1 スイッチを操作したら、その場ですぐに注意する
A2 注意すると調子に乗るので、なにも言わずに親がスイッチを直す
A3 なぜ操作してはいけないのかを丁寧に説明する

部屋の電灯のスイッチをカチカチするのが大好きな子

解説

この場合におすすめする対応は、子どものタイプによって違います。

多くの場合、大人は1のような形で「勝手に電気をつけない！」などと注意するのではないでしょうか。そのようにタイミングよく叱ることで、行動をあらためる子もいます。1回叱ったらやらなくなる子であれば、その場で注意するのもよいでしょう。ただし、1回叱っても繰り返すようであれば、この対応は避けたほうがいいかもしれません。

一方、子どもが親の反応を見て、おもしろがってしまうこともあります。その場合、注意すればするほど、いたずらとして定着していく可能性があります。これは一般的な子にも見られる行動ですが、発達障害の子でこだわりが強いタイプの場合にもしばしば見られます。注意しても子どもが笑っている場合には、**2のようにリアクションをおさえながら、****親が問題を解決してしまうというのもひとつの手**です。子どもがあまりおもしろがらなくなって、こだわりが消えていくことがあります。

言葉による説明がわかる子であれば、**3のような形で、スイッチを操作してはいけない理由をきちんと説明することで、納得して行動をあらためるという子もいます。**発達障害の子で規則を大事にするタイプには、そのような対応が有効な場合があります。

お子さんは、1～3のどのパターンに近いでしょうか？ このようにタイプが分かれる例を使って「うちの子はどうだろう？」と考えると、子どもへの理解が深まっていくでしょう。お子さんのタイプを思い浮かべながら考えてみてください。

Q3 得意げに石集めする子にどう声をかける？

小学生の子が公園で、いくつかの石を拾ってきました。その子は石が好きで、いろいろな形の石を集めています。今回はおもしろい形のものを見つけたということで、子どもは得意げにしています。

あなただったら、どうやって声をかけますか？

A1「おもしろいのを見つけたね」と軽く言う
A2「どの石が好き？」と聞いてみる
A3「へ～」とだけ言って、子どもの話を聞く

解説

「おもしろいのを見つけたね」と子どもの得意な心をくすぐりますか。「どの石が好き？」と聞いて、子どもの話を引き出しますか。それとも、子どもに自発的に語らせるのが正解でしょうか。

じつは……どれもおすすめの対応です。

1も2も3も、子どもへの声かけとしては的確です。子どもが興味をもったこと、やりたいことを大切にしています。子どもの話を聞こうとするのも、よい対応です。子どもは自分の好きなこと、得意なことをほめられたときに、一番自信をつけます。子どもが「好き」「できた」「うれしい」などとポジティブな思いにひたっているときに、その気持ちに共感してちょっと声をかける。そうすると、子どもは自分のやりたいことを認められたと感じます。

親や先生は、子どもがなにか立派なことを成し遂げたときにほめようと考えてしまいがちですが、じつはこの例のように、**子ども本人がちょっと得意げなときに軽く声をかけるようなほめ方が、子どもの自信や喜びにつながりやすい**ものなのです。

子どもがなかなか期待に応えてくれず、むしろ問題を起こすことのほうが多い場合、親としては「どこをほめればいいんだろう」と悩んでしまうかもしれません。その気持ちもわかりますが、特別に立派なことがなくても、子どもをほめることはできます。ほめどころが見つからないという人は、親目線で「よくできたこと」を探すのではなく、**子ども本人がその子なりに「できた」と思っていそうなことを探してみましょう。**

発達障害の子の場合、変わったものに興味をもつことがあります。この例は「おもしろい形の石」でしたが、例を読みながら「うちの子の場合は石じゃなくて○○だ」と感じた方もいるのではないでしょうか。

子どもの不思議な趣味を見ると、親としては「どうしてこんなことにこだわっているんだろう?」と思うかもしれませんが、本人が目をキラキラと輝かせて語ることがあったら、この例のようにちょっとだけ共感して、声をかけてみてください。そういう一言が子どもの自信につながり、ほかの活動への意欲にもつながっていきます。

Q4 どうしても忘れ物してしまう子にどう対応する?

これも小学生の話です。忘れ物が多くて、学校でしょっちゅう、先生に注意されている子がいます。本人は忘れ物をしたくないと思っていて、家庭でも親に持ち物の確認の仕方を何度も教えてもらっているのですが、どうしても忘れ物をしてしまいます。

そんなお子さんに、みなさんはどう対応しますか？

A1 忘れ物をしなかった日に、思い切りほめる

A2 忘れ物をするたびに、根気よく注意する

A3 ほめたり叱ったりしないで、持ち物の確認を手伝うようにする

解説

親や先生があれこれと注意していて、本人も自分なりに工夫しているのに、どうしても忘れ物が減らせないという場合には、親も子も、先生も、もう十分に対応していると考えてもよいでしょう。

発達障害の子で「注意欠如・多動症」（49ページ）の特性がある子には、このような例がよく見られます。気を抜いているわけではなく、本人なりに一生懸命やっていても、「不注意」の特性があって、うっかりミスをしてしまうことがあるのです。

子どもが十分に努力や工夫をしてもうまくできないことについては、**3のような形で親や先生が手伝うというのもひとつの方法です。**失敗することが減ると、その安心感のなかで本人なりにいろいろと工夫できるようになっていく場合もあります。

1のように「できたことをほめる」のは、悪い対応ではありません。しかしそこで**「あの日できたのだから、またできるはず」などと考えて期待値を上げすぎると、子どもを苦しめてしまう場合があります。**「うまくいったのはたまたま」と考えて、「よかったね」と軽く声をかける程度にしましょう。

また、このようなケースでは、忘れ物があっても本人はさほど落ち込んでいないという場合もあります。そこで**親や先生が2のように何度も叱っていると、本人も失敗を気にするようになり、落ち込みやすくなることがあります。**不注意の特性がある子の場合、叱っても叱らなくても、うっかりミスをすることはあります。何度も叱るのはやめましょう。

この例のように、ほめることと叱ることが、どちらも子どもにプレッシャーをかけてしまう場合もあります。**あれこれと口を出さずに手を貸すという対応も、選択肢のひとつ**として頭に入れておきましょう。

適切なほめ方・叱り方は、子どもによって違う

4つのクイズを通じて、「子どもにどんなふうに声をかけるか」ということを考えてもらいました。いろいろなほめ方・叱り方がありますが、ある子どもにはぴったりの対応が、別の子には合わない場合もあります。

「この子の場合はどうだろう?」と考え、その子に合った伝え方を探していくことが大切です。解説をヒントにして、お子さんに合うやり方を探してもらえればと思います。

ほめ方・叱り方については、第3章でさらにくわしく解説しています。子どもにどうやって声をかければよいか悩んでいる方は、ぜひそちらもお読みください。

苦手なことをどうやって教えていくか

発達障害の子は対人関係が苦手だったり、片づけが苦手だったりします。苦手なことは子どもによって違いますが、よく話題としてあがるのは「友達づき合い」「園や学校での集団行動」「勉強」などの悩みでしょうか。おそらくこの本を手に取った方のなかにも、対人

関係が苦手な子に、友達づき合いをどうやって教えていけばよいのか、悩んでいる方がいるのではないかと思います。

ここからは、先ほどの「声のかけ方」の例に続いて、**子どもに「苦手なことをどうやって教えていくか」**という例をとりあげていきましょう。

引き続きクイズ形式で、「こんな場面があったら、どう対応しますか？」ということを聞いていきます。「うちの子だったら」「自分だったら」ということを考えながら答えを選んで、解説を読んでみてください。

Q5 集団遊びに入ろうとしない子にどう対応する？

幼稚園に、いつも一人で遊んでいる子がいます。みんなで園庭に出て遊ぶとき、ほかの子は自然に集まってボール遊びなどを始めますが、その子は一人で虫を探したり、葉っぱを集めたりします。ほかの子や先生に誘われても、集団遊びに入ろうとしません。

その子にはどんな対応をすればよいでしょう？

A 1 全員参加型の遊びを企画して誘う
A 2 その子の興味を引けるよう、いろいろな遊びに誘ってみる
A 3 一人で遊びたい気持ちを尊重する

解説

親や先生は一人遊びをしている子を見ると、「友達づき合いが苦手なのかな」「どうすれば、みんなと仲良く遊べるようになるだろう」などと考えてしまいがちです。でも、**「楽しく遊ぶこと」と「仲良くすること」は分けて考えましょう。**

遊びの目的は「楽しむこと」です。「仲良くすること」ではありません。楽しく遊んでいるうちに、気の合う仲間と親しくなることがありますが、それはあくまでも結果です。最初から仲良くしようとして遊んだわけではありません。

遊びの場面では「楽しむこと」を大事にしましょう。というわけで、正解は3です。子どもが一人で虫を探したいと思っているのなら、その思いを尊重してあげてください。

ただ、2のような対応も決して悪くありません。いろいろな遊びに誘ってみると、子どもが興味を示すこともあるでしょう。そうやって遊びの幅が広がっていくこともあります。

無理やり誘うのはよくありませんが、声をかけるのはよいと思います。

1の全員参加型も、機会をつくること自体はよいのですが、強制参加にならないように注意しましょう。

特に発達障害があって対人関係が苦手な子の場合、**「楽しく」より「仲良く」が先行すると、自分のペースで遊べなくなって、ストレスを抱えてしまう**ことがあります。それでは対人関係がより苦手になっていくかもしれません。反対に、**「仲良く」より「楽しく」を優先していれば、楽しんでいるうちに対人関係が広がる場合も**あります。

Q6 着替えるのが苦手な子にどう対応する？

手先が不器用で、着替えるのが苦手な子がいます。自分で着替えると朝の支度に時間がかかってしまうので、いつも親に手伝ってもらっています。しかし、苦手だからといって、いつまでも手助けしてもらっていて、よいのでしょうか。

みなさんだったら、どんな見通しをもって対応しますか？

A1「何歳になったら自分でやらせる」と決めて、それまでは手伝う
A2本人が「自分でやる」と言うまでは、何歳になっても手伝う
A3いろいろなパターンで本人にやらせてみて、助けを求められたら手伝う

解説

おすすめの対応は3です。

大前提として、子どもがうまくできないことを手伝うのはよい対応です。

しかし、1のように、親の都合である日、急に手伝いをやめてしまうと、子どもに負担がかかります。まだうまくできない子を突き放す形になってしまうかもしれません。

また2のように、子どもの気持ちが切り替わるのを待つのも、簡単ではないでしょう。待っているうちに子どもが「着替えは手伝ってもらって当たり前」と思ってしまう場合があります。

私は3のような形で、**衣類のサイズやタイプ、着替える場所、着替えの教え方などを変えながら、子どもにとってやりやすい方法を一緒に探していくこと**をおすすめします。

着替えるのが苦手な場合、なにか理由があります。発達障害の子のなかには、不器用で

ボタンをとめるのがまだ上手にできないという子もいれば、ザラザラした感触の衣類が感覚的に嫌だという子もいます。着替えの手順が理解できていなくて時間がかかっているという子もいるでしょう。

いろいろなパターンで着替えを試してみると、苦手の理由がわかり、本人が無理なく着替えられる方法が見つかることがあります。そのように対応しているうちに、本人が自信をつけて「自分でやる」と言ってくることもあるかもしれません。いろいろと試しながら、じっくり対応していきましょう。

なお、**1や2の対応でうまくいくこともありますが、それは子どもの成長のタイミングが運よく、親の期待しているタイミングと一致した場合**です。1や2は運任せの対応になってしまうことが多いので、ご注意ください。

Q7 一人だけ先に給食を食べてしまう子にどう対応する?

小学生の子の例です。給食のときに、一人だけ先に食べてしまいます。先生には「みんなの準備が終わって、全員そろって『いただきます』と言ってから食べるんだよ」と言われていますが、自分の分が準備できると、つい手が出てしまいます。

何度伝えてもマナーを守れない子には、どんな対応をすればよいでしょう？

A 1 イラストや写真で手順表をつくって、それを見せながら教える

A 2 マナーを覚えていけるように、何度でも同じことを教える

A 3 別室で待機してもらい、給食の準備が終わったら呼んでくる

解説

おすすめの対応は1と3です。

口頭で何度も指示をしても伝わらない場合、1のような形で別の伝え方をしてみるとうまくいくことがあります。発達障害の子には、話し言葉よりも書き言葉やイラスト、写真などのほうが理解しやすいという子がいます。また、暗黙の了解を察するのは苦手だけど、しっかり説明されれば理解できるという子もいます。いろいろな伝え方を試してみてください。

2のように、じっくりと対応するのもよいのですが、話し言葉を聞き取るのが苦手な子、聞いて覚えても時間がたつと忘れてしまう子もいます。何度試しても難しい場合には、別

の方法に切り替えたほうがよいでしょう。

3は一見、教えることを放棄した対応のように見えるかもしれませんが、これもひとつの正解です。教わったことを忘れてしまう子や、好きな食べ物が目の前にあると衝動に負けて手が出てしまう子もいます。その場合には環境を変えるのもひとつの対応法になります。

発達障害の子は、さまざまな困難があるから、発達障害だと診断されます。マナーが伝わらない場合には、**「この子にとってなにが難しいのだろう」「どんな伝え方をすれば理解しやすくなるのだろう」と考えることが大切**です。そうやって考えていった結果、**伝え方ではなく環境を変えようというのも、ひとつの解決策**になるわけです。

「環境を変える」という意味で言うと、私は「みんなで一斉に食べ始める」というルール自体を変えてしまってもいいのではないか、とも思います。

Q8 勉強が苦手で宿題に時間がかかる子への解決策とは？

勉強が苦手で、宿題にすごく時間がかかってしまう子もいます。親や先生にいろいろとサポートしてもらってもうまくいかず、鉛筆を持つことさえ嫌になっていくというケースもあります。子どももストレスを抱え、親や先生もイライラするようになって、悪循環に陥ってしまいがちですが、解決策はあるのでしょうか？

A1 親も疲れてしまうので口出しをやめて、本人のペースを見守る

A2 難しすぎるので親が手伝う

A3 宿題が多すぎるので、親から先生に「減らしてほしい」と相談する

解説

おすすめの対応は3です。

この場合、子どもはなにも悪くありません。問題は宿題の設定の仕方にあります。

宿題が適切な量や難易度で出ていれば、子どもは30分もかからずにパパッと済ませます。**宿題に時間がかかり、鉛筆を持つことさえ嫌になるということは、宿題の設定が間違っています。**3のような形で先生に宿題を減らしてもらうか、それが難しければ、親が宿題の量を調整してしまいましょう。

私はそもそも児童や生徒全員に宿題を出すことは意味がないと思っています。勉強が好

きな子は、宿題がなくても自分から勉強します。勉強が嫌いな子は、宿題が負担で勉強がさらに嫌いになります。宿題が子どもの役に立つことなど、ないのです。**宿題は百害あって一利なし。**私はそう考えています。

1のように口出しをやめるのもよいのですが、親の口出しが減っても、宿題が多いままでは本人は苦しみますから、十分な対応とは言えません。

2の対応も応急処置としてはありですが、学校の先生と話し合う機会をもちましょう。そもそも宿題の設定に問題があるので、先生には対応を変えてもらわなければいけません。

どうしてクイズの正解に、極端な対応法が多いのか

クイズ形式の解説は、以上です。

クイズと解説のなかには「ほめるだけで叱らない」「ほめることも叱ることもしない」といった、ちょっとひねった話も入れました。また、「給食に手が出てしまうなら別室で待機する」「宿題が嫌なら量を減らす」といった、やや極端な対応法も紹介しました。

そのような解説を読んで「そこまで極端なことをしなければいけないの?」と思った方

もいるかもしれません。

それらの対応の根底にあるのは**「子どもを主役にする」という考え方**です。私は、発達障害の臨床医として30年以上、子ども中心のスタイルで診療を行ってきました。「この子はどんな子だろう」「どんな対応をすれば、無理なくできるようになるのだろう」ということを考え続けてきました。

発達障害の子には、さまざまな特性があります。大多数の子と同じやり方をしていては、うまくいかないこともあります。そんなとき、**親や先生が常識的なやり方や、大人がよいと思うやり方を優先して、子どもに無理をさせていては、その子はいつまでたっても自分らしいやり方を見つけられません。**それで苦しむのは子どもです。

発達障害の子にとって、一番大事なことは？

Q8の「宿題はいらない」という解説を読んで、みなさんは「そうは言っても勉強はしっかりさせなくては」「宿題で学習習慣をつけることは大事」と感じたかもしれません。確かに、常識的に考えればそうでしょう。「着替えや食事のようなことはあとで学んでいけるけれど、勉強で遅れが出てしまっては将来に響く」と考える人もいるかもしれません。

しかし私はそのような考え方を聞くと、**「身のまわりのことを教えていないのに、勉強を教えるなんて、100年早い！」**と思います。

子どもにとってもっとも大切なのは、基本的な生活習慣です。発達障害の子の場合、生活習慣は特に大事です。着替えや食事などの基本的な生活習慣を自分なりにできるようになっていかないと、それこそ将来に響きます。

この本では第4章で生活習慣や勉強、対人関係など場面別の対応のポイントを解説していますが、そこでも私がもっとも大事にしたのは基本的な生活習慣の解説です。第4章を読んでいただければ、私がなぜ「100年早い！」という強い言葉で、身のまわりのことの大切さを訴えたのかがおわかりになると思います。

発達障害の子を、その子の長い人生を見すえながらしっかり育てていくためには、まず基本的な生活習慣を教えることが重要なのです。

第1章ではクイズを通じて、発達障害の子の育て方を考えていただきました。この章では考えることを優先し、発達障害のくわしい解説は省略しましたが、続く第2章では「子どもの発達障害とはなにか」「発達障害にはどんな特性があるか」を解説していきます。

第2章で発達障害の基本を理解し、第3章の「ほめ方・叱り方」、第4章の「場面別のポイント」へと読み進めていってもらえればと思います。

第2章

あらためて、発達障害とは?

「発達障害」とは数種類の障害の総称

第1章のクイズや解説のなかで、発達障害の種類として「自閉スペクトラム症」「注意欠如・多動症」などを少し解説しました。

昨今ではメディアで発達障害がよくとりあげられているので、発達障害をすでに知っているという人もいると思いますが、ここであらためて「発達障害とはなにか」を説明していきましょう。発達障害は、自閉スペクトラム症や注意欠如・多動症、学習障害など数種類の障害をまとめた総称です。それぞれの障害の特性は、次の通りです。

●自閉スペクトラム症（ASD）

主な特性は「臨機応変な対人関係が苦手」なことと「こだわりが強い」こと。具体的には、場の空気が読めない、独特の言葉づかいをする、人に対して一方的な関わり方をする、興味の範囲が狭い、手順やルールにこだわるなどの行動が見られます。

第1章に「いつも一人で虫を探していて、誘われても集団遊びには参加しない」（35ページ）、「給食のとき、暗黙の了解を察することができず、一人で食べ始めてしまう」（39ページ）といった例が登場しました。

ASの特性（ASDからあえて「障害＝Disorder」の「D」を抜いています。53ページで後述）がある子にも、そのような様子が見られることがあります。まわりの人の様子に合わせて行動を調整することが苦手で、結果として、その場のなかで浮いた存在になってしまうことがあるのです。

また、第1章には「青いイチゴをもぐ行動がパターン化する」（22ページ）、「電気のスイッチを操作することにこだわり、クセになる」（26ページ）、「いろいろな形の石を集めている」（29ページ）といった例もありましたが、それらも自閉スペクトラムの特性がある子によく見られる行動です。この特性がある子は、**特定のものごとや手順などに強いこだわりをもつ**ことがあります。

●注意欠如・多動症（ADHD）

主な特性は「不注意」と「多動性・衝動性」。具体的にはうっかりミスが多い、忘れ物をよくする、気が散りやすい、じっと座っていられない、思いつきでしゃべるなどの行動が見られます。

第1章に「うっかりミスが多く、いつも忘れ物をしている」（31ページ）という例がありました。**ADHの特性**（こちらもあえて「障害＝Disorder」の「D」を抜いています。53ページで後述）がある子はその例のように、よく気をつけていてもミスが減らないことがあります。それは**「不注意」の特性があるお子さん**です。

ほかにも「給食が目の前にあると、衝動に負けてつい手が出てしまう」（39ページ）という例も紹介しました。特に**「多動性・衝動性」があるお子さん**に、そのような様子が見られることがあります。

●学習障害（LD）

主な特性は「読み・書き・計算が苦手」ということで、そのうちのひとつが苦手になる子もいれば、複数が苦手になる子もいます。

第1章に「勉強が苦手で、宿題にすごく時間がかかる」（41ページ）という例がありまし

「発達障害」の大まかな分類

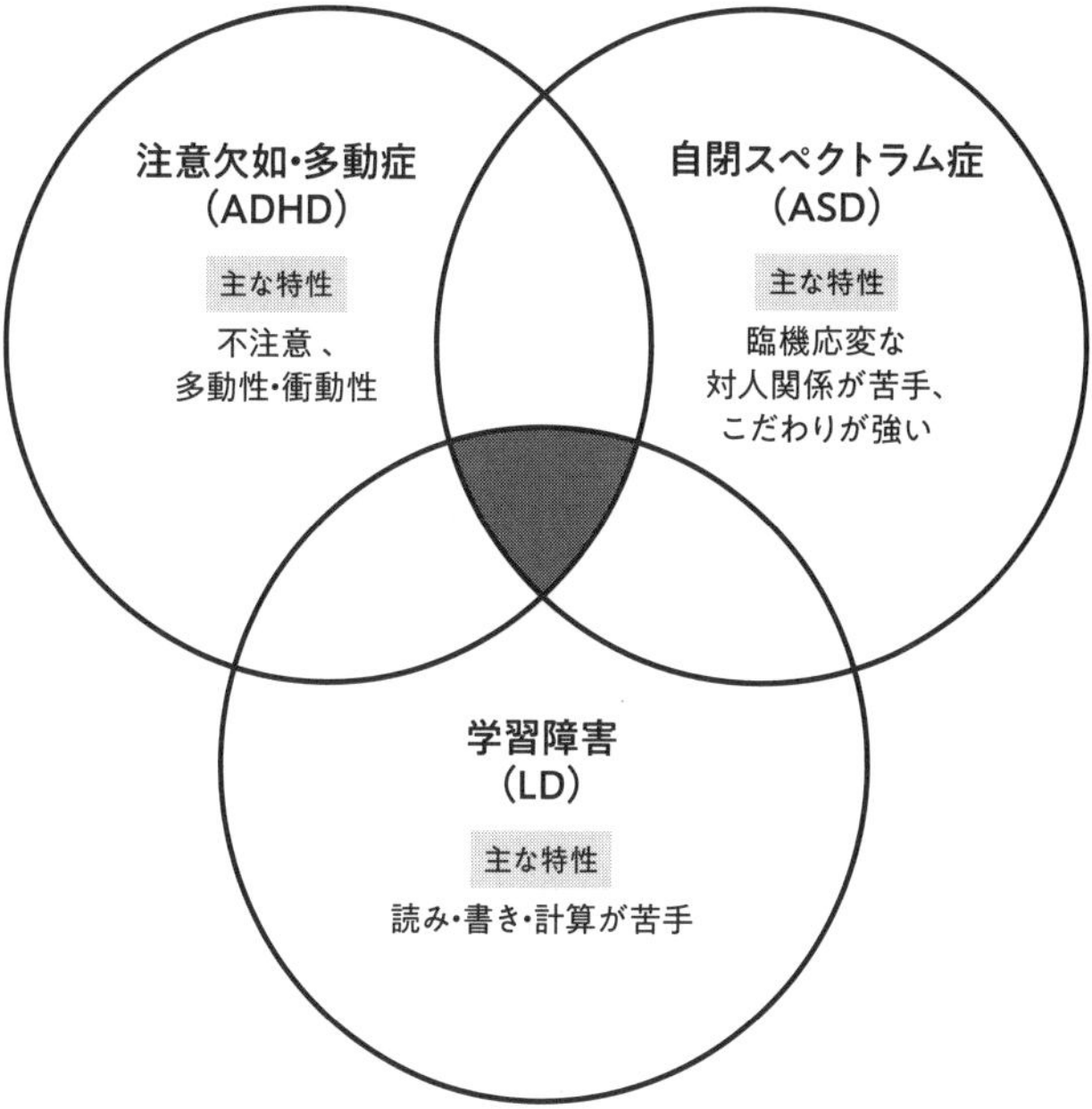

※ほかにも、知的能力障害や運動症、チック症、コミュニケーション症などの障害があります。これら複数の障害の特性が「重複」して見られることもしばしばあります。

たが、そのような子のなかには、学習障害がある子もいます。学習障害がある場合、読み書きや計算を一般的な方法で練習していても上達しにくい可能性があります。その場合には、**パソコンやタブレットを使って読み書きしやすい環境を整えるなど、個別の配慮が必要**となります。

発達障害には「重複」や「強弱」がある

「自閉スペクトラム」や「注意欠如・多動」の特性が単独で見られる場合もあれば、複数の障害の特性が「重複」して見られる場合もあります。

また、特性には「強弱」もあります。例えば不注意の特性がある人でも、うっかりミスがすごく多い人もいれば、ミスが出るのはやや多い程度という人もいます。

医学的にはこのような特性があり、環境や人間関係など、さまざまな事象のバランスのなかで生活上の支障が出ている場合に、なんらかの発達障害と診断することになっています。

「生活上の支障が出ている場合に」という条件があることを見てもわかる通り、発達障害の特性が、必ずしも悩みや問題につながるものではありません。**特性があっても、生活に特に支障がないケースもあります。**それは環境や人間関係によっても変わります。

第1章に「着替えに時間がかかる」「忘れ物が多い」「勉強が苦手」などの例がありましたが、そのような悩みが「生活上の支障」となるかどうかは、ケースバイケースです。「不注意」の特性が強くて忘れ物が極端に多く、子ども本人が困り果ててしまうケースもあれば、同じように忘れ物が多くても、生活上の支障はないというケースもあります。また、「不注意」の特性はあるものの、忘れ物が目立つほどではないというケースもあるでしょう。

特性が必ずしも「障害」になるとは限らない

先の文章で、私は発達障害の特性を「ASの特性」「ADHの特性」と書きました。

ASDやADHDの最後の「D」は障害を意味する英語、Disorderの頭文字です。私は、発達障害の特性が必ずしも生活面の障害になるとは限らないと考えているので、特性を表現するときには「D＝障害」を取り除いて「AS」「ADH」と書いています。

「AS＝自閉スペクトラム」の特性があるからといって、それが必ずしも生活面の障害になるわけではありませんよ、という思いをこめて「D」を抜いているのです。

一方、診断名を記載するときには、「ASD」「ADHD」と書くようにしています。こまかい話ですが、特性が必ずしも「障害」になるとは限らないという認識は大事なことだと考えています。この本では「AS」「ADH」という、ちょっと変わった用語におつき合いください。

病気というより「少数派の種族」

私は、**発達障害を「発達の特性があり、そのために生活上の支障をきたす状態」**と考えています。そしてそれは、「少数派の種族」のようなものではないかとも思うのです。

発達障害の特性や「重複」「強弱」については、既刊の『発達障害　生きづらさを抱える少数派の「種族」たち』（SB新書）で解説しましたので、特性や「少数派」という考え方についてよりくわしいことを知りたい方は、そちらの本もご覧ください。

この本は「子どもの育て方」を解説するものなので、育て方の解説を中心に進めていきます。

メディアに登場する発達障害への違和感

この章の冒頭で、昨今、メディアで発達障害がとりあげられることが増えたと述べました。それによって発達障害への理解が広がっているのはよいことだと思いますが、私はメディアに登場する「発達障害」を見ていて、違和感を抱くことがあります。なぜなら、メディアにとりあげられる発達障害には、「二次障害」を伴うケースが多いように感じるのです。

二次障害とは、発達障害によって生じている困難から、不登校やひきこもり、身体症状、うつ、不安といった二次的な問題が起きてしまうことをいいます。

メディアでは、発達障害の人が会社で「困った人」になっているという話が紹介されることがあります。仕事の段取りが悪かったり、職場の人間関係がうまくいかなかったりして会社で浮いてしまい、本人も苦しんでいるといった例です。このようなケースでは、発達障害から複雑な問題が派生していて、すでに二次障害を伴っていることが多いものです。

発達障害を理解するためには、発達障害の特性と、このようなケースに見られる二次障害を分けて考える必要があります。

専門医として30年間見てきた「純粋な発達障害」

発達障害の人のなかには二次障害のない人、言うなれば「純粋な発達障害」の人もいます。私は東京や横浜、山梨、長野といった地域で30年以上、発達障害の専門医として、多くの子どもや大人たちに、幼児の頃から何十年と接してきました。そういう方のなかには発達障害の特性はあっても、二次障害のない「純粋な発達障害」の人も大勢いて、その人なりに楽しく暮らしています。

おそらく、発達障害の人を長く見てきた専門医や支援者は、私と同じように、比較的順調に過ごしている当事者を何人も知っていることでしょう。当事者を支える家族にも、二次障害がない「純粋な発達障害」だけなら、落ち着いて過ごせるという認識をもっている人もおられるでしょう。

比較的順調な当事者もいるなかで、なぜ順調な例がメディアにあまり登場しないのかというと、順調に生活できている場合、本人や家族、関係者がそのことをわざわざ人に伝えようと思わないからだと考えられます。そのような背景もあって、メディアでは複雑なケースがとりあげられやすいのではないでしょうか。

発達障害は本当に「障害」と言えるのか？

発達障害の人は、必ずしも「困った人」になるわけではありません。比較的順調に暮らしている人もいます。そのように考えていくと、発達障害が「障害」と言えるほど深刻な状態ではないように感じるかもしれません。

実際に、発達障害の特性によって生じる困難は、さまざまな対応によって軽減できます。本人が自分の特性を理解して工夫すること、まわりの人がサポートをすること、環境を調整することなど、多くの対応法があります。

しかし、そのような対応によって**困難が軽減しても、特性そのものがなくなるわけではありません。**本人の苦労がなくなるわけではないのです。

適切な対応を受ければ、発達障害の子は比較的落ち着いて過ごすことができますが、学年が上がったりして活動内容や環境、人間関係などが変われば困難に直面することもあります。そのたびに本人の苦労を理解し、対応を調整していく必要があります。

#グレーとは　白ではなくて　薄い黒

突然、ハッシュタグと川柳のような見出しが入ったので、「どういうこと？」と疑問に思った方もいるかもしれません。これは川柳で、私がつくったものです。私は最近、この川柳をいろいろなところで読み上げています。

じつはこれが、発達障害の子を育てるときの大原則のひとつなのです。とても大事な視点で、多くの人に知っていただきたいと思っているので、ハッシュタグをつけてみました。この本を読んで、この川柳に共感できた人は、拡散していただければ幸いです。

#グレーとは
白ではなくて
薄い黒

本田秀夫

発達障害は、生活上の支障につながることもあれば、そうではないこともあるという白黒つけにくい障害です。本人や家族が、発達障害を「色」の濃い障害というよりは、白に近いグレーな障害のように感じている場合もあるのではないでしょうか。

発達障害はさまざまな行動特性として現れますが、そのような行動が、対応次第で軽減することもあります。すると対応を続けるなかで、本人や家族が「いつかは白くなる(=発達障害の特性がなくなる)のでは?」と感じることもあるかもしれません。

しかし、すでに解説した通り、困難が軽減しても、特性がなくなるわけではありません。どんなに薄いグレーに見えていても、それは白ではなく、薄い黒です。発達障害の特性がある場合には、それを「薄くなっていって、いつか消えるもの」としてではなく、**「どんなに薄くても、ずっと残るもの」として理解することが大切**です。

「みにくいアヒルの子」の白鳥のように

私は発達障害の子の育て方を説明するときに、童話「みにくいアヒルの子」をよく例に出します。「グレー」を理解するためのヒントになるので、ここでも紹介しましょう。

「みにくいアヒルの子」は、アヒルの群れに白鳥のひなが1羽、まぎれこんでいるというお話です。群れのなかでは**アヒルが多数派で、白鳥が少数派**です。

白鳥は、自分がほかのひなたちとどこか違うことに気づきながらも、アヒルとして暮らしていこうとします。しかし、やがて仲間たちとの違いが明らかになっていき、白鳥は群れを追われます。白鳥はその後、いろいろなところをさまよったあとで、最終的には白鳥の群れに合流し、白鳥として生きていけるようになります。

このお話では、白鳥は自分がアヒルではない「グレーな存在」だと薄々気づいていましたが、最初は「アヒルになろう」とします。言ってみれば、「白くなろう」とするわけです。しかし、やはりアヒルになることはできず、あとになって、別の生き方を探すことになります。

無理にアヒルを目指すと「過剰適応」になることも

私は、発達障害のような少数派の人たちには、「みにくいアヒルの子」の寓話と同じことが言えると思っています。

少数派の人たちは、自分には「大多数とは違う特性」があることに気づいていても、多数派に合わせようとすることがあります。そうしなければ、学校や会社などの集団に入っていけないことが多いからです。しかし、少数派の特性があるのに、多数派として生きていくのは、簡単ではありません。**アヒルを目指した白鳥と同じように、無理に自分を変えようとすれば、いつか苦しくなってしまう日がくる**でしょう。

アヒルを目指した白鳥のように、無理に周囲になじもう、あるいは周囲からの期待に応えようとするあまり、**環境への適応行動が過剰になってしまうことを「過剰適応」**と呼びます。

発達障害の子には、しばしば過剰適応が見られます。まわりの大人から「みんなと同じようにやりなさい」と言われ、その要求に応えるために、自分のやりたいことや自分らしいやり方をおさえて、過剰適応している子がいるのです。

自閉スペクトラム（ＡＳ）の特性がある子の場合、まわりの人から教えられた「みんなと同じように」というスローガンが本人のなかで強いこだわりになってしまうこともあります。どんなに苦手なことでも、ほかの子と同じようにやらなければいけないと思い込んでしまうのです。

「社会的カモフラージュ行動」をする人たち

以前、スウェーデンのＡＳＤの女性が自伝で、自分は「ふつうのふり」をしながら生きてきたということを書いていました（『ずっと「普通」になりたかった。』グニラ・ガーランド著、ニキ・リンコ訳、２０００年、花風社　※現在絶版）。ＡＳＤの特性があるけれど、それを隠し通しながら、ふつうの人として社会生活を送ってきたという話です。その後、同様のやり方で世渡りをしている人がいることが、少しずつわかってきました。

そのような行動は、近年では**「社会的カモフラージュ行動」**と呼ばれています。

社会的カモフラージュ行動は、一見、社会でうまくやっていくコツのように見えます。しかしそのような行動は、うつや不安などメンタルヘルスに悪影響を及ぼす場合もあります。イギリスの研究者たちがＡＳＤの傾向の人々について、社会的カモフラージュ行動の程度が高ければ高いほど、社交不安や全般性不安、うつなどの症状との関連性も高かったという調査結果を報告しています。

この報告から考えると、**発達障害の子に「みんなと同じように」と要求することで、人為的に不安やうつを生じさせてしまう可能性**もあるということになります。発達障害の子を平均的に育てようとすることには、そのようなリスクがあるのです。

グレーならグレーな大人になればいい

発達障害の子は、多数派に合わせて「ふつうのふり」をしようとすると、いろいろと苦労することがあります。そうではなく、白にならないで生きていくやり方を探すことが大切です。グレーなら、グレーな大人になればいいのです。

例えば近視の子は、遠くの字が読めなくて苦労することがあります。その程度はさまざまです。教室の一番前の席に座っても、黒板の文字が見えづらいという子もいます。一番前の席なら文字が読めるという子もいます。

もしも近視の子が見えづらさを感じながら、「ほかの子はしっかり見ているのだから、自分も努力や工夫をしてちゃんと読まなければ……」と考えていたらどうなるでしょう？本人の努力や工夫だけでは、見えづらさは解消しないはずです。

しかし、本人や親、先生が近視の特徴を理解して、座席の位置を変更したり、メガネの使用を検討したりすれば、その子の見えづらさは解消していきます。そして、そのような対応は全国どこの家庭でも、学校でも、当たり前のように行われています。

私は**発達障害も、近視と同じように対応していくべきだ**と思っています。

子どもが「集団のなかで適応しにくい」「ほかの子と同じようにできない」と感じていることに、親や先生が気づく。子どもにどんな特性があるのかを理解していく。子どもの年齢によっては、本人と一緒に理解を深めていく。そして、**その子の特性に合わせてやり方を変えたり、環境を調整したりする。**そうすれば、子どもは特性を隠したりしないで、グレーなまま、成長していけます。

発達障害への対応を、当たり前の対応に

私は発達障害のことを伝えるとき、伝え方を工夫しています。「自閉スペクトラム症」や「注意欠如・多動症」などの診断名の説明よりも、「この子にはこういう特徴があって、こんなふうに対応していくと生活しやすくなります」といった説明に力を入れています。「遠くのものが見えにくいので、メガネをかけましょう」という対応と同じように、対応の仕方を話すのです。

そうすると、子どもも親も、これまでの出来事を振り返りながら、これからの生活を考えていけるようになることが多いように感じています。

この本を読んでいるみなさんにも、発達障害という言葉を子どもの特性を理解し、今後を考えるためのきっかけとしてとらえていただきたいのです。

そのようなとらえ方をする人が増えれば、**近視の子がメガネをかけるのと同じように、発達障害の子にはその子に合った対応をするのが当たり前という社会**になっていくのではないでしょうか。私はそんな期待をもっています。

発達障害の子の育て方、3つのポイント

では、「その子に合った対応」とはどのようなものなのか。どんな対応をすれば、発達障害の子がグレーなまま、グレーな大人になれるのか。なかなか簡単には答えが出ないのですが、この本ではその方法をいろいろと、解説していきます。

このあと、第3章・第4章で具体的な方法を紹介しますが、その前に、発達障害の子の育て方で大事にしたいポイントを3つ、お伝えしましょう。

①グレーとは　白ではなくて　薄い黒

1つ目は、すでにお伝えした「グレーとは　白ではなくて　薄い黒」です。発達障害の子に、多数派の子どもたちと同じように行動することを求めてはいけません。

②「せめてこれくらい」はＮＧワード

2つ目は、発達障害の子に「せめてこれくらいは、できるようになってほしい」と言ってはいけないという話です。

子どもに苦手なことやできないことがあると、親はその子の将来を心配するものです。うまくやれとは言わないけれど、「せめてこれくらい」はできるようになってほしい。そんなふうに考えます。しかし**たいていの場合、親はわが子に「平均値」や「平均より少し低いくらいの出来」を期待するでしょう。それでは「白」を目指す育て方に**なってしまいます。

心配や期待をこめて「せめてこれくらい」と願うのではなく、「この子はどんな特性なんだろう?」と考える。そして、その子に合った育て方に切り替える。発達障害の子を育てていくなかでは、平均に近づける「せめてこれくらい」という意識からの切り替えが必要になります。ただ、それは言葉で言うほど、簡単なことではありません。

子どもを心配しない親、子どもに期待しない親など、いないでしょう。「せめてこれくらい」と思うのをやめるのは、かなり難しいことです。じっくり取り組んでいきましょう。意識を切り替えていくためのヒントは、このあとも何度かお伝えしていきます。

③「友達と仲良く」と言ってはいけない

3つ目もNGワードです。発達障害の子に「友達と仲良く」と言ってはいけません。発達障害の子のなかには、親に「友達と仲良く」と言われると「仲良くしなければいけないんだ」と思って、なにをするにも百歩譲って相手に合わせようとする子がいます。興味のない活動でも、苦手なことでも、友達と仲良くするためにがまんしてやらなければいけないと思い、過剰適応する子が出てくるのです。それではストレスをため込んでいくことになります。

子どもに声をかけるなら、「楽しんでおいで」と言って背中を押しましょう。発達障害の子には興味の幅が狭い子もいます。まずは活動を自分のペースで楽しめるようにしましょう。好きなことを楽しんでいるうちに、結果として誰かと仲良くなれることもあります。

第1章の「一人遊びをする子」（35ページ）の例でも少し解説しましたが、**発達障害の子にとって仲良くなることは目的ではなく結果**です。子どもには「友達と仲良く」ではなく、本来の目的の「楽しんで」と声をかけるようにしてください。その結果、友達と仲良くなれたのであれば、それはオマケで副次的な効果と考えましょう。

ここで育て方の3つのポイントをお伝えしましたが、どのポイントも方向性は共通しています。

①は多数派に合わせない、②は平均値に合わせない、③は友達に合わせない。

どのポイントも、**「発達障害の子に世間一般の基準に合わせることを求めて、無理をさせてはいけない」**ということを言っています。

「人と違うことをやるべし！」

じつは私も、グレーな大人として、人に合わせないで生きてきた人間です。私は診断は受けていませんが、自分にはASやADHの特性があると考えています。どちらも生活上の支障になるほどのものではありませんが、暮らしのなかで余計なこだわりが出てしまったりして、不便に感じることがよくあります。

そんな私は子どもの頃、父に「人と違うことをやるべし！」とよく言われていました。幸運にも、**「人に合わせない」生き方を教えられてきた**のです。

ただ、この言葉にはよい面と悪い面がありました。私はずっと「人と違うこと」をやろうとしてきたので、多数派に合わせようとしないで、自分のペースで活動することができました。それはよかったのですが、一方で、自分がやりたいと思うことでも「人と同じ」になってしまう場合には、活動に参加するのを躊躇しがちでした。

「人に合わせないこと」にこだわりすぎると、結果として私のように、自分がやりたいことから遠ざかってしまう場合もあります。**「人に合わせない」というのは「人に無理に合わせる必要はない」ということ**です。その点を意識しておくとよいかもしれません。

ただし「社会のルールはちゃんと守るべし！」

私は先ほどの「人と違うことをやるべし！」にもうひとつ言葉を足すと、いいスローガンになると思っています。追加するのは**「社会のルールはちゃんと守るべし！」**というスローガンです。

「人と違うことをやるべし！」という考え方で、人に無理に合わせないで、自分がやりたいこと、自分ができることを探す。同時に、自分にはできないことも理解していく。そうすることが、自分の特性を理解していくプロセスになります。

そこに「社会のルールはちゃんと守るべし！」という考えを追加します。人に無理に合わせる必要はありませんが、社会には最低限、守らなければいけないルールがあります。人に合わせるのが苦手だからといって、ルールを放置していては、問題になることもあります。

苦手なことを人に相談したり、ルールを守るために人の助けを借りたりしながら、最低限のことはこなしていく。そうやって社会のルールを守る。そうすれば、人と違うことを思い切りできるようになります。

「自律スキル」と「ソーシャルスキル」

私は、発達障害の子には「自律スキル」と「ソーシャルスキル」という2つのスキルが必要だと考えています。

自律とは、自分を律すること、すなわち自分にできること、やりたいことをやることです。**「自律スキル」は、先ほどの教えでいうと「人と違うことをやるべし！」**に関連します。人に無理に合わせないで、自律的に行動するスキルです。自分がやりたいこと、自分ができることを理解して、自律的に社会参加していく。そういうスキルを身につけていくと、環境や人間関係に無理に適応しないで、自分のやり方で生きていくことができます。

「ソーシャルスキル」は「社会のルールはちゃんと守るべし！」に関わります。人に合わせられないことがあってもいいけれど、最低限のルールは守る。一人でルールを守るのが難しければ、誰かに相談してサポートしてもらう。人に相談することも含めた、社会参加のスキルです。社会のルールを守っていれば、単独行動が多かったり、ほかの人と違うところが目立ったりしても、大きな問題にはなりません。

この本では、日常のさまざまな場面で自律スキルとソーシャルスキルを育てる方法も、解説していきます。

「どんな大人になるのか」は育て方で変わってくる

発達障害の特性は、その人が生まれもった性質のようなものです。親の「育て方」によって生み出されたものではありません。ですから、親がそれまでの育て方に責任を感じる必要はありません。

ただ、発達障害のもともとの原因は育て方ではありませんが、発達障害の子の生活は、育て方によって大きく変わっていきます。**子どもがどんな大人になるのかは、育て方次第な**のです。

親が子どもに対して「苦手なところを克服させたい」「平均値に近づけたい」と思っていると、その子は苦しみます。どの子にも苦手なことはあり、克服できない部分はあるからです。克服できない部分が残ったとき、子どもは多くの場合、親の期待に応えられなかった自分を責めます。そのような雰囲気のなかでは、自己肯定感はなかなか育っていきません。

世間の基準に合わせて子どもを追い立てるのではなく、子どもがその子らしく育っていける道すじを探すようにしましょう。

「得意」「苦手」「好き」「嫌い」を知っていく

発達障害の子には、さまざまな特性があります。多数派の子どもとは、いろいろな違いがあります。**親や先生が、子どもの「得意なこと」「苦手なこと」「好きなこと」「嫌いなこと」などを一般常識に当てはめないで、ありのままに理解していくことが大切**です。そうすることで、子どもの育っていく道すじが少しずつ見えてきます。

子どもが自分自身を知っていくことも大切です。子どもが自分の得意や苦手、好き、嫌いを知って、どんな活動にどんなやり方で取り組むのかを、自分で判断できるようになっていく。そして、苦手なことや嫌なことを避けられるようになっていけたら、その子は自分らしく、無理をしないで生きていけるようになるでしょう。

「苦手なこと」「嫌なこと」から全力で逃げ回っていい

子どもが苦手なことや嫌なことを避けようとすると、まわりの大人から「これくらいのことは嫌がらずにやりなさい」と言われるかもしれません。

そういうとき、ソツのない子は渋々ながら取り組んで、それなりにこなしたりしますが、苦手なことをどうしてもできない子もいます。

発達障害の子には、本人の努力だけでは「これくらい」ができないこともあります。「努力で困難を克服する」という価値観を押しつけられると、それが達成できなかったとき、自信を失ってしまうこともあるでしょう。

私は、**発達障害の子は苦手なことを押しつけられたら、全力で逃げ回ったほうがいい**と考えています。他人の基準に合わせて、無理に努力することに時間を使うのはやめて、堂々と逃げましょう。**苦しんで傷ついて自信を失うよりも、苦手なことはサポートしてもらって、得意なことや好きなことで活動を広げていくほうが、はるかに有意義**です。そのほうが多くのことを学べます。

多数派向けの生活を、少数派向けに調整する

すでに解説した通り、発達障害は「少数派の種族」のようなものです。

少数派の特性を本人が理解し、親やまわりの人もその特性を理解して、生活を調整して

いけば、必ず暮らしやすくなります。

得意や好きを発揮しやすい環境をつくれば、追いつめられて逃げ回るようなことは減ります。暮らしやすくなれば能力も伸びやすくなり、本人の自尊心も育っていきます。まわりの人との人間関係も安定しやすくなります。

そうすることが二次障害の予防につながり、子どもが比較的順調な生活を送っていくことにもつながっていきます。

子どもがのびのびと、その子らしく暮らしていけるように、ぜひこの本を活用して、少数派の育て方を実践してもらえればと思います。

第3章

発達障害の子のほめ方・叱り方

子どもの個性的な行動、ほめたほうがいい？

この本では「平均」や「常識」にとらわれず、子ども一人ひとりに合った子育てをすることをおすすめしています。

しかし、子どもがいろいろと個性的な行動をしていると、親としてそれを手放しでほめてよいのかどうか、悩む瞬間もあると思います。子どもがあまりに個性的すぎて浮いているときには、注意したほうがよい気がすることもあるでしょう。

そこで第3章では、発達障害の子の「ほめ方」と「叱り方」を解説していきます。第1章のクイズでも少しお伝えしましたが、適切なほめ方・叱り方は、子どものタイプによって違います。行動や場面によっても変わります。

子どもの個性的な行動が、どんな行動、どんな場面だったらほめたほうがよいのか。どんなときには叱ったほうがよいのか。一緒に考えていきましょう。

発達障害の子のほめ方：キーワードは「下心」

ミニカーをひたすら並べている子、どうほめる？

発達障害の子は、ちょっと変わった遊び方をすることがあります。

第1章で「いろいろな形の石を集めている子」の例を紹介しましたが、ほかにも例えば、ミニカーを並べて遊ぶ子がいます。ミニカーを走らせるのではなく、何台も何台も、ただひたすらに並べていくのです。

大人はそういう姿を見ると、「ミニカーはこうやって、走らせて遊ぶものだよ」と教えたくなるかもしれません。ふつうに考えれば、そのほうが楽しそうです。そこで、身振り手振りで遊び方を教えて、子どもがその通りにできたら「よくできたね」「ミニカーを走らせると楽しいね」とほめる。そんなふうに対応する人もいます。

しかし私は、それでは子どもの個性を否定し、常識を押しつける形になってしまうこともあると思います。子どもがミニカーを並べることを楽しんでいるのなら、それをそのまま理解して「長く並べたね」と声をかける。**子どもが「やりたい」「楽しい」と感じていることを、そのまま認める。**そういうほめ方をおすすめします。

子どもの「好き」に気づけるかどうか

大人は多くの場合、自分が子どもにやらせたいと思っていることを、その子が努力して成し遂げたときにほめようとします。「よくがんばったね」「その調子」などと声をかけて、もっと努力するように求めます。

しかし、それは大人の側の都合です。喜んでいるのは大人だけで、子どもはストレスを感じているかもしれません。子どもの側は「ほめられてうれしい」というよりは、「プレッシャーをかけられて苦しい」と思っている可能性があります。「この大人は、すぐにまた次の課題を出してくるんじゃ……」と身構えてしまうこともあるでしょう。それでは、ほめたことになりません。子どもは自信や意欲ではなく、重圧を感じてしまいます。

第1章でも少し解説しましたが、子どもが一番自信をつけるのは、自分が好きなこと、興味をもっていること、得意なことをほめられたときです。石が好きな子に「おもしろい形

ミニカーで遊ぶよりも、ひたすら並べるのが楽しい子

だね」と声をかける。ミニカーを並べている子に「長く並べたね」と話す。そうやって、子どもの「好き」や「興味」に気づいてほめることが大切なのです。

無理におだてる必要はない

子どもの気持ちを汲み取って共感すること。それが、子どもをほめるためのコツです。「好き」や「興味」以外にも、子どもの気持ちに共感するチャンスはあります。例えば、子ども本人が「ちょっと難しいな」と感じているときです。

子どもはよく池や庭などで石から石へ飛び跳ねて遊びます。その様子をよく見ていると、その子が目標にしている飛び方がわかることがあります。子どもが少し離れたところにジャンプしようとして、何度もチャレンジしている。そんなとき、うまく飛び移れた瞬間に「やったね」と声をかける。そんなちょっとした一言が、よいほめ言葉になります。

「ほめどころ」がわかってくると、どんどん声をかけたくなるかもしれません。しかし子どもがなにかをするたびに「やったね！」「すごいね！」と言っておだてていたら、ほめることのありがたみがなくなっていきます。

本人が「やりたい」と思っていることを達成して、いつもの平常心と違って少し興奮しているようなときに、その**達成感に共鳴するような形でちょっとほめる。**そういうことをときどき心がけるくらいで十分です。ほめる瞬間も、**大げさにあれこれ言うのではなくサラッと軽く言うくらいがよい**でしょう。

ASとADHの特性がある子のほめ方

自閉スペクトラム（AS）の特性がある子の場合、計画的に進めたいと考える傾向があるので、作業がすべて終わったときにほめると、本人の達成感に共感しやすいかもしれません。

ADH（ADHDの「D」を抜いた表現）**の特性がある子は反対で、気が散りやすいので、途中でほめるのもひとつの手**です。または、寄り道しながらでも最後までできたときに「途切れ途切れだったけど、終わりまでたどり着いたね」と伝えると、本人の「やっと終わった」という気持ちに共感できるのではないでしょうか。

ほめるときに、わざわざ「途切れ途切れだったけど」などと言わなくてもいいのでは、と思った人もいるかもしれません。しかし、ほめるときにはそういう素直な気持ちを伝えることが、じつはとても重要です。

例えば、子どもが特別な昆虫に興味をもっている場合に、親がそれを特になんとも思っていないのに「すごいね」と言ったら、子どもはどう思うでしょう？　悪い気はしないかもしれませんが、わざとらしく感じることもあるのではないでしょうか。親はどれも同じような昆虫だと思っていて、なんとなく「すごいね」と言ってしまい、子どもが「この人、わかっていないな」と感じることもありそうです。それでは共感になりません。

子どもをほめるときは、素直にほめましょう。**子どもの趣味のすごさがわからないときには下手にコメントをするよりも「それはなに？」と素直に聞いてみる**ほうが、共感が広がりやすくなります。子どもが質問に答えていろいろなことを語り出し、その子の好みを理解するチャンスが広がることもあるでしょう。

変わった話でも、ひとまず聞いてみる

なかには理屈っぽい子、独特のこだわりをもっている子もいます。そういう子に趣味の

話を聞こうとすると、理屈をこねて、ちょっと変わった話を始めることもあります。

そういうときには、「変なことを言わないで！」などと注意したくなるかもしれません。その調子では、子どもが先生や友達にも同じように変な話をしてしまいそうで、心配になることもあるでしょう。

でも、まずは子どもの話を聞いてください。わからないことを安易に評価したり、拒否したりするのではなく、受け止めるようにしてみてください。**「なるほど」「おもしろいことを考えるね」などと言いながら、ひとまず話を聞いてみる。**そうやって子どもの気持ちを受け止めることも、子どもをほめることになります。

ほめ方のポイント「下心なくほめられるかどうか」

子どもの「好き」に共感して、素直にほめる。そういうほめ方のポイントは、身も蓋もない言い方をしてしまえば、「下心なくほめられるかどうか」ということになります。

昆虫をなんとも思っていないのに「すごいね」とほめることの裏側には、「そうやってほめれば、子どもが喜ぶだろう」という下心があります。子どもはそういう下心によく気づくものです。下心のある言葉は聞き流されます。ですから親の側も、興味をもてないことに無理に関心を示す必要はありません。素直に「(自分は興味ないけど)よく知っているね」と声をかけ、子どもの話を聞くだけでよいのです。

少し前の文章で「親は自分が子どもにやらせたいと思っていることを、子どもが成し遂げたときにほめる」という話をしましたが、それもやはり、下心のあるほめ方です。**親の側に「こういう子どもに育ってほしい」という下心**があります。

親が「こうなってほしい」「これで喜んでほしい」という下心をもっていたら、子どもにはその下心が伝わります。子どもは、自分がやりたいことではなく、親がやりたいことが優先されているのだと感じます。それでは、子どもの自信は育っていきません。

「子どものやりたい」と「親のやらせたい」は違う

親がいかに下心を捨てられるか。下心を捨てて、子どものやりたいことに目を向け、その子の「好き」や「興味」に素直に共感できるか。親は子どもをほめるとき、「下心」を問われています。

「子どものやりたいこと」と「親のやらせたいこと」は違います。子どもをほめるということは、その子のやりたいことをほめることです。親としての期待をおさえながら、子どものペースに合わせてほめていくのは簡単ではありませんが、少しずつ、子どものやりたいことに目を向けるようにしていきましょう。

以前、私の同僚が親子教室で、あるプログラムを実施したことがあります。親子で初めての共同作業をするというプログラムです。その教室では子どもがお道具箱を使うのですが、そのお道具箱を家庭で用意してもらいました。「何月何日までに、親子で一緒につくってきてください」と言うのです。

そうすると、いろいろなお道具箱がそろいます。デパートの包装紙を使って、きれいにデコレーションされたものもあります。子どもの趣味が反映された、子どもっぽい仕上がりのものもあります。仕上がりはさまざまです。

みんなのお道具箱がそろったら、発表の場をもうけて、子どもたちにいろいろと説明してもらいます。**自分のアイデアが採用されたお子さんは、とても雄弁に説明**します。どういう意味があって、どこをどう工夫したのか、いろいろと語り出します。一方、**親主導で箱をつくったお子さんは、あまり説明をしません。**自分の考えでつくったわけではないので、言いたいことが少ないのです。

このプログラムを実施すると、「子どものやりたいこと」と「親のやらせたいこと」は違うのだということが、よくわかります。親御さんたちに子どもたちの発表の様子を見ていただくと、子ども主体で活動することの重要性が伝わります。

私たちはそのような実践を通じて、**子どもには自発的に伸びていく芽があり、それを見つけてそのまま伸ばすことが大事**なのだということを、みなさんにお伝えしています。

子どもをほめるときに大切なのは素直な気持ちで下心なくほめることですが、ほめ方についてはそれ以外にも年齢別のポイントや、ASDなど特性別のポイントもあります。ほめ方の具体的なヒントもいくつか紹介しましょう。

ほめ方のヒント① 年齢別のコツ
幼児期は「すごいね」でもOK

「子どもをおだてる必要はない」と言いましたが、子どもがまだ小さい頃は、親は子どもがなにをしても「すごいね」「上手」などと言って、おだててしまうものです。それは別に悪いことではありません。

幼児期までの子どもは多くの場合、親やまわりの人からいろいろと声をかけられることを喜びます。積み木を高く積み上げたりして「よくできたね」「えらいね」などと言われ、拍手をされると、ニコッと笑って応えたりします。自分で手をたたいて、まわりに拍手を求める子もいます。そういう時期には**親もあまり深く考えず、子どもをどんどんほめてよい**と思います。

やがて、子どもが成長するにつれて、ほめてもあまり反応しなくなることが出てきます。子ども本人のやりたいことがはっきりしてくると、そういう反応が増えます。「ほめてもうれしそうではないな」と感じるようになったら、なんでもかんでもほめるのはやめて、子どもの気持ちに共鳴するほめ方を意識しましょう。

ほめ方のヒント② 年齢別のコツ
学童期以降はぼそっと一言

年齢が上がって学童期になってくると、子どもの反応はまた変わってきます。ほめられて喜ぶようなことは減り、大人にほめられるかどうかに関係なく、自分のやりたいこと、友達と一緒にやりたいことに取り組むようになっていきます。大人に嫌な顔をされるとしても、自分がおもしろいと思うことをやる時期になっていくのです。

その時期に幼児期前半と同じスタイルで「よくできたね」などとこれ見よがしにほめていると、子どもに嫌がられる場合があります。**学童期に入ったら露骨なほめ方をするのではなく、さりげなくほめる**ようにしましょう。

子どもがやりたいことをやっているときに、ぼそっと一言、「やるじゃん」「イェイ」「やったね」などと言う。そのくらいの距離感でほめると、ちょうどいいかもしれません。そういうさりげない一言を聞いて、子どもは「ああ、見てくれているんだな」と感じたりするものです。

小さい頃からいろいろとコミュニケーションをとってくると、この頃には親子の間に信頼関係のようなものができてきます。**よい関係のなかでは、ぼそっとつぶやくくらいの言葉もほめ言葉**になります。

ほめ方のヒント③ 年齢別のコツ
「ぼそっと期」は子どもによって違う

ヒント①と②で年齢の目安をあげましたが、これはあくまでも目安です。学童期になっても、ほめられて無邪気に喜ぶ子もいます。**年齢にとらわれず、子どもの様子を見てほめ方を考えましょう。**「ほめたときに子どもが喜ぶかどうか」をよく見るのがポイントです。

子どもがほめられたときに微妙な反応を見せる時期は、その子が他人の目を気にするようになってきた時期でもあります。成長して、人が自分をどう見ているかを考え始めているからこそ、親にほめられることを無邪気に喜ばなくなっていくわけです。その時期は子どもによって違うので、一人ひとりの成長を見守るようにしましょう。

ほめ方のヒント④ ASタイプ
具体的な言葉でしっかりほめる

自閉スペクトラム（AS）の特性がある子には、皮肉や暗喩のような遠回しな言い方が伝わりにくいことがあります。その場合には、さりげなくほめるのではなく、具体的な言葉でしっかりほめるようにしたほうがよいでしょう。

「すごいね」「やるじゃん」だけでは伝わりにくいので、「(ミニカーを)長く並べたね」「(積み木を)高く積めてすごいね」というふうに、その子の行動を具体的に言葉にしながら声をかけるようにします。

ほめ方のヒント⑤ ADHタイプ
できたことを「結果オーライ」でほめる

ほめ方のコツとしてよく「できていなくても、がんばったことをほめましょう」と言われることがあります。私は、**いくらがんばったといっても、できていないことを無理にほめていては、間違ったメッセージになる**場合もあるのではないかと思います。

ひとつ事例を紹介しましょう。

事例1 がんばっても、忘れ物をしてしまう子

Ａくんは注意欠如・多動（ＡＤＨ）の特性がある子です。不注意の特性があり、忘れ物をしてしまうことが多いです。彼の場合、「がんばったけど、忘れ物をしてしまった」ということがよくあります。よくあることなので、本人は深刻に考えていなかったりもするのですが、親には毎回「がんばったね」「次はできるよ」とほめられています。

親としては、Ａくんを励ますためによかれと思ってほめているわけですが、Ａくんは、精一杯やっているのに「次はできる」「次はできる」と言われ続けて、やがてプレッシャーを感じるようになっていきました。彼はもともと、忘れ物をしても「まあいいか」と受け流していたのですが、最近では「また失敗しちゃった」と思うようになり、それでもほめられることに、いたたまれなさを感じています。

解説

一般的には「努力をほめるのはよいこと」と言われますが、Ａくんの場合、ほめられることが余計なプレッシャーになってしまっています。Ａくんのように多少の失敗を気にせず、自分で気分を切り替えている子には、無理に毎回、声をかける必要はありません。

Ａくんのようなタイプの場合、本人が「まあいいか」などと言って切り替えている様子を見守り、たまたまうまくいって本人も得意げなときに「よかったね」と軽く声をかける程度のほめ方が合うことが多いです。運良く成功したときに「結果オーライ」という形でほめるイメージです。例えば、次のようなほめ方をおすすめします。

事例2 宿題の範囲をよく間違えたり忘れたりする子

Ｂくんも ＡＤＨの特性がある子です。彼はいつも宿題で苦労しています。宿題の範囲を間違えたり忘れたりして、指示された通りにできないことが多いのです。しかし、ときにはちゃんとできることもあります。

ブツブツと文句を言いながら、親やきょうだいを巻き込みながら宿題をやりますが、なんだかんだでしっかりと終わらせたときは、ちょっと得意げです。

そんなとき、親は「また大騒ぎして」と思いつつ、結果オーライということで「終わってよかったね」と前向きに声をかけるようにしています。ただ、Ｂくんは調子に乗りやすい子でもあるので、変にほめすぎないように注意し、「お騒がせするわりにはちゃんとやるよね」というように、ほどほどのほめ方になるように心がけています。

がんばったけど忘れ物をしてしまう子

解説

ＡＤＨタイプの子は、このようなやりとりを通じて、「自分はミスが多い」「お騒がせすることもある」「でもみんなに相談すれば、なんとかなる」という考え方を身につけていきます。そうやって「人の力を借りればやっていける」「最後には帳尻が合う」という感覚をもつことができれば、こまかいミスを気にしないで、のびのびと育っていきます。ミスをしても落ち込んだり、隠したりしないようになります。私は、そのような成長をイメージしながらほめていくことをおすすめしています。

ほめ方のヒント⑥
ハイタッチなどの動作を組み合わせる

ほめるときに、言葉をかけるだけでなく、動作も組み合わせるという方法もあります。私たちがよくやるのはハイタッチです。**「やったね」などと言いながら、両手または片手でハイタッチ**をする。そのほうが、子どもが達成感をもちやすくなる場合があります。特に、話し言葉でものごとを理解するのが得意ではない子の場合、有効です。

ハイタッチで子どもの達成感をねぎらう

これは儀式のようなものですが、ハイタッチをすることには「達成感をもちやすい」「相手と共感しやすい」「活動を切り替えやすい」といったメリットがあります。

幼児期にはとても効果的な方法で、多くの子がハイタッチをすることを楽しめます。年齢が上がっても、子ども本人が楽しんでいるうちは活用してよいと思います。ただし、手でふれ合うのが好きではない子もいます。やはり、子どもの様子を見ることが大切です。幼児期でも、子どもが嫌がる場合には無理にタッチさせるのはやめましょう。

発達障害の子の叱り方：キーワードは「本気」

叱るのがうまい人は、めったに叱らない

ここまでほめるときに大事なのは、子どもの気持ちに共感すること。子どもの達成感がよくわからない場合は素直に子どもに聞くこと。**ほめ方のキーワードは「下心をもたない」**です。

続いて「叱り方」の解説に移りますが、**叱り方のキーワードは「本気」**です。子どもに行動をあらためてほしいと思ったら、そのための方法を本気で考える。それが叱り方のポイントです。叱るのがうまい人はいろいろと考えたうえで叱るので、**めったに子どもを叱りません。**

本気で考えるとはどういうことか。うまい人はどのように叱るのか。解説していきましょう。

親や先生が子どもを叱るのは、多くの場合、子どものためを思って、子どもになにか大

事なことを教えようとしているときです。大人は、子どもがやってはいけないことをやったとき、やるべきことをやらなかったときに、「それではダメだ」と言って叱ります。子どもが次から行動をあらためることを期待して、叱るわけです。

そうやって子どものためを思うこと、ものごとを教えることについて、大人がどこまで本気になれるのかが、叱り方のポイントになります。

大きく分けて3種類の「叱る」がある

「叱るのは大事なことを教えようとしているとき」と言いましたが、じつは、大人が本当になにかを教えようとして叱ることは、多くありません。

私は「叱る」は大きく3種類に分かれると思っています。

①教えるために「叱る」

まずは、大事なことを教えようとして叱るパターンです。

②憂さ晴らしのために「叱る」

2つ目は、親や先生がイライラして子どもを叱るパターンです。大人も人間ですから、感情的になって叱ってしまうこともあります。その場合、教えるためというよりは、憂さ晴らしのために叱っているようなところがあります。

③その場をおさめるために「叱る」

3つ目は場をおさめるために叱るパターンです。子どもが誰かに迷惑をかけてしまった。相手に謝罪したり、子どもを叱ってみせたりしないと、収拾がつかない。そういうときに相手の気持ちをなだめるために叱るというパターンがあります。この場合、形式的に叱っているような側面もあります。

この3種類があることを大人の側が理解できれば、子どもを無駄に叱ったり、叱りすぎたりすることは減ります。大切なことなので、次にもっとくわしく解説していきましょう。

①教えるために「叱る」

親が子どもに行動をあらためてほしいと思って叱っている場合、その**効果があるのは「①教えるために叱る」だけ**です。子どもを注意して、適切な行動を教えることができれば、その子が行動をあらためることもあります。

それに対して「②憂さ晴らし」と「③その場をおさめる」は、どちらかと言えば親の都合で叱っています。子どもを注意しようとしている側面もありますが、それよりも「親自身のイライラ」や「相手の怒り」をおさえることのほうが重要になっています。そのため②や③のパターンでは、叱っても子どもの行動があらたまらないことが多いです。

ただし、②や③のような叱り方がいけないということではありません。感情的に叱ってしまうときや、叱って示しをつけなければ場がおさまらないときもあるでしょう。

大切なのは、3つのパターンがあることを知っておくことです。

①は、子どもに行動をあらためてほしくて、そのやり方を教える形です。この場合に大切なのは、教えたことが子どもに伝わったかどうかを確認すること。**教えようとしていることがその子の発達段階に合った課題であれば、数回言えば伝わります。**子どもが行動を

あらためようとします。その場合は、叱り方として適切です。

数回言っても伝わらない場合や、子どもが理解はできても行動をあらためることができない場合には、その課題を教えるのはまだ早いかもしれません。その場合には、何度も叱り続けても効果がなく親子関係が悪くなるだけなので、教えることを一度取り下げ、しばらくは親が手伝ったりして対応するようにしましょう。

②憂さ晴らしのために「叱る」

これは、**親も人間なので、憂さ晴らしで叱ってしまうこともある**ということを理解するのが大切です。

もちろん、腹いせで叱るようなことをなくしてしまえればいいのですが、親も聖人ではありません。ストレスがたまっていて、ついカッとなって叱ってしまうこともあるでしょう。大切なのはそこで「**ああ、いまのは憂さ晴らしで叱ってしまった**」**と気づいて、それ以上叱らないようにすること、そういう叱り方をできるかぎり減らしていくこと**です。

それから、憂さ晴らしで叱ってしまったときに、子どものためを思っているような言い方をするのはやめましょう。子どもの反感を招くおそれがあります。特に思春期になってきた子は、そういうごまかしに敏感です。腹を立てて叱ってしまったのなら、変に言い訳をしないで、話を終わりにしましょう。そして、**親の気持ちが落ち着いてから早めに「ごめん、さっきは言いすぎた」「イライラしていて、つい叱っちゃった。悪かった」など謝る**のがいいと思います。ある程度年齢が上がってきた子どもなら「ああ、そうなんだ」「気にしなくていいんだな」と理解して、受け流すことができるでしょう。

憂さ晴らしのために叱るというのは、自分の気持ちをおさめるための行動です。子どものために、本気で叱っているわけではありません。そのような叱り方には、子どもが行動をあらためるという効果はありません。なにか教えたいことがあれば、別の機会に落ち着いて伝えるようにしましょう。

③その場をおさめるために「叱る」

これは①や②に比べて考えるポイントが多いので、くわしく解説していきます。

③の目的は、**迷惑をかけた相手に対して反省を示す**ことです。相手が怒っておさまりが

つかなくなっていて、そのままではお互いに感情的になってしまいそうな場合に、反省を態度で示して、トラブルをおさめるために叱ります。

その場合、親としては、子どもになにかを教えるというよりは、形式的に叱っている面もあります。どうしても相手方に気をつかう形になり、子どもに大事なことを教えるための話し方にはなりません。

ですから、③のパターンにも「子どもが行動をあらためる」という効果を期待するのはやめましょう。むしろ**「今日は形式的に叱っているだけで、次からこの子が行動をあらためるわけではない」**と考えておくほうが現実的です。

③のときは**ポーズで叱る。効果は期待しない。なにかを教えたければ、別の機会にしっかりと教える。**そのような使い分けを意識していきましょう。

なお、ここでは「形式的に」「ポーズで」と書いていますが、それをわざわざ子どもに言う必要はありません。子どもに「いちおう叱るけど、気にしないで」などと言うと、かえって混乱させてしまいます。親が「ポーズ」だと意識できていれば、それで十分です。

では、③の「叱る」パターンを事例で見てみましょう。

事例 3 人を見て「太ってる」と言ってしまう子

Cくんは小学生の男の子です。彼は太っている人に、面と向かって「太ってる」と言ってしまいます。マナーを理解するのが苦手で、「世の中には思っていても口に出さないほうがよいことがある」ということが、なかなか理解できません。

まわりの人から「そういう言い方はよくないよ」と注意されると、Cくんは「本当のことを言っただけ」と答えたりします。それで相手がますます怒ってしまって問題になることもあり、親はしょっちゅう謝罪をしています。問題が起こるたびにCくんを叱り、注意もしているのですが、問題が改善しません。

解説

「問題が起きたときに相手に謝罪し、子どもを叱る」という対応では、子どもの行動があらたまらないという例です。叱っても叱っても、子どもが同じことを繰り返してしまう。そうすると、親としては「もっと強く叱らなければ」「わかるまで説明しなければ」と思うかもしれませんが、そこで叱ることを増やしても、おそらく効果はありません。無駄に叱る回数が増えてしまって、親子ともに疲れていくことになりがちです。

このCくんのようなケースでは、場をおさめることとは「別の文脈」で、子どもに適切な行動を教えていきましょう。

「別の文脈」で、行動のあらため方を教える

相手に謝罪するときは「場をおさめる」文脈で話をします。そのうえで別の機会に「太っている人を見たときに、どんな態度をとるのがかっこいいか」といった形で**「適切な行動を考える」文脈で話をしましょう。**

親子でゆっくり話をするのもいいのですが、ただ話をするだけでなく、文字で書き出したり、イラストを書いたりしたほうが、子どもに話が伝わりやすくなることもあります。事前に話し方や態度のパターンをいくつか書き出しておいて、どれがよい方法なのかを選ぶというのもよいでしょう。そのように準備をして、ゆっくり考える機会をつくれば、子どもが適切な行動を学びやすくなります。

特に自閉スペクトラムのＡＳの特性がある子は、失敗から学ぶことが苦手です。そのた

「場をおさめる」文脈で話をする

「適切な行動を考える」文脈で話をする

め、失敗したときには叱るだけでなく、「別の文脈」で適切な行動を教えることが、特に重要になります。

　失敗したときにはたいてい子どもは叱られて、「これをやってはいけない」ということだけ指示されます。それで「これがいけないということは、逆にあれをやればいいんだな」と察する子もいますが、ＡＳの特性がある子は言葉の裏を読むことが苦手です。「これをやってはいけない」と言われたら、その言葉通りに理解します。そのような指示では、ＡＳの子には「結局どうすればいいのか」がわからないのです。

　その結果、どうなるかというと、本人が「太っている人を見たら太っていると思う」「でも、太っていると言ってはいけない」「本当のことを言えなくてイライラする」というふうに、一人でストレスをため込んでしまうことがあります。

　別の機会に親が「思っても言わないほうがいいことがある」「相手を傷つける言い方がある」「言うとしても、相手がいなくなってか、家族に言うくらいにしたほうがいい」といった対策を教えていけば、本人も理解し対応していけます。**一度学習しておけば、次にまた失敗してしまって叱られても、「そうだった」「これは違うんだ」と思い出せる可能性**もあります。そういう意味でも、別の文脈で学んでおくことが重要なのです。

なお、「別の文脈」で教えるときに、「あのとき、こういう言い方をして、誰々に叱られていたけど……」というふうに説明すると、嫌な思い出を蒸し返す形になるかもしれません。そのような言い方では子どもが嫌がるので、**問題を振り返って教えるのではなく、親の側で話を整理して、一般論として教えていくほうがよい**でしょう。

特にＡＳの特性がある子の場合、記憶力が強い子がいるので、過去の問題をいちいち振り返っていると失敗の記憶が強くなり、反省しすぎて落ち込んでしまうことがあります。一般論で伝えることが合っています。

また、ＡＤＨの特性がある子の場合には、本人が過去を引きずらないで、すでに切り替えていることもあります。その場合も、問題を振り返るより、今後のための話し合いという形にしたほうが話は伝わりやすくなります。

「かっこいい」などの喜ぶキーワードを活用

一般論として教えるときに、本人がモチベーションをもてるようなキーワードを少し使っていくのもおすすめです。**例えば「かっこいい」と言われるのを喜ぶお子さんなら、一**

緒に「どういう態度がかっこいいか」を考えていきます（「太っているとかやせているというのはね、口に出すのと出さないの、どっちがかっこいい？」という具合です）。

本人が「かっこいい行動をしたい」と思って行動を変える。それを親や先生がほめる。そうすると本人は「自分が行動をあらためると、みんなに認められるんだ」ということを意識します。そういうやりとりが社会のルールを守る意識や、社会人としてある程度のふるまいをしようという意識につながっていくこともあります。

しかし、「かっこいい行動」を教えても、子どもがとっさに「あの人、太ってる」などと言ってしまうこともあります。友達をたたいてしまうことの多い子が、頭では「ダメだ」とわかっていても、つい手が出てしまうということもあるでしょう。きちんと教えれば、すべての問題が解決するというわけではありません。

子どもが適切な行動を頭では理解しているものの、つい言葉や手が出てしまうことが多いという場合には、そのつど謝罪して場をおさめ、あとは教えるというよりは、**言葉や手が出てしまいそうな危険な場面を避ける**ようにしましょう。例えば、一度「太ってる」と言ってしまった相手と何度も顔を合わせることを避ける、ケンカになりやすい友達と遊ぶ機会を減らす、といった対応をとっていきます。

すると、変に叱りすぎてしまうことはなくなり、親子ともにイライラすることも減っていくでしょう。

子どもを叱るうえで重要になるのは、3種類の「叱る」を理解して、自分がなんのために叱っているのかを意識すること。そして、①**教えるために「叱る」以外は、効果のない叱り方だということを認識して、そういう叱り方を減らしていく**ことです。

ただ、叱ることを減らすというのは、簡単なことではありません。「なるべく叱らないようにしよう」と思っていても、子どもがいろいろと予想外の行動をすると、大人はつい叱ってしまうものです。ここからは、叱る回数を減らすヒントを紹介していきましょう。

叱り方のヒント① 「親戚の子を預かっている」と思う

日々、親子のさまざまな相談を受けていると、子どもを叱りすぎて悩んでいるという親御さんから、「自分の子どものことだから、放ってはおけない」という話を聞くことがあります。そんなとき私は、**「一度、親戚の子どもを預かっているつもりで叱ってみるといいですよ」**とお伝えします。

「親戚の子ども」くらいの距離感だと、わが子ほどの期待はかけません。そして、まったく関係のない子どもではないので、多少のしつけはしなければと思うものです。子どもを叱るときには、それくらいの距離感がちょうどよいと思います。

叱り方のヒント② 年齢が上がるにつれて、叱る回数を減らす

私はたくさんの親子を見てきましたが、叱るのがうまい親はだいたい、子どもの年齢が上がれば上がるほど、叱ることが少なくなっていきます。子どもが思春期くらいになると、ほとんど叱らなくなり、なにごとも話し合いで解決するようになる親御さんもいます。

例えばＡＳの特性がある子の場合、人の感情を読み取ることは苦手でも、論理的な説明を理解するのは得意だったりします。親がそれに気づいて「怒っても伝わらない」「でも説明すれば伝わる」と意識を切り替えると、叱る必要がなくなっていくこともあります。

叱ることを減らすのが難しい人は、そのような例を参考にして、子どもの年齢が上がるのに合わせて、叱ることを少しずつ減らしていくのもよいと思います。

叱り方のヒント③ 「肯定文で言う練習」をしてみる

大人は子どもを叱るとき、つい「ダメ！」と言ってしまいます。「外へ出ちゃダメ」「そこはのぼっちゃダメ」などと言って、子どもを叱ります。しかし、すでに解説した通り、ASの特性がある子の場合、ただ「ダメ」と言われただけでは、「どうすればよいのか」がわからないことがあります。

別の機会にあらためて説明するのもよいのですが、親の側が「肯定文で言う練習」をしてみるというのもひとつの手です。練習して、子どもにそのつど、適切な行動を説明できるようになると、叱らなくても済むことが増えていくでしょう。

●「肯定文で言う練習」の言い換え例

外へ出ちゃダメ ⬇ こっちへおいで
そこはのぼっちゃダメ ⬇ おりてね
走らないで ⬇ 歩こうね
立たないで ⬇ 座っていてね

のろのろしない　⬇　早く動いてね
手を離さないで　⬇　手を握ってて
騒がないで　⬇　小さな声でね
よそ見しないで　⬇　○○のほうを見て
今はそれをやらない　⬇　○○からやろうか
おしゃべりしない　⬇　お口はチャックのままで
たたかないで　⬇　お口で話しをして
ダラダラやってないで　⬇　あと何分で終われそう？
やっちゃダメ　⬇　○○したほうがかっこいいよ
落とさないようにね　⬇　しっかり持っててね
床に置かないで　⬇　テーブルの上に置いてね
ものを投げないで　⬇　そっとしまって、やさしく置いてね
そっちに近づかないで　⬇　○○のところにいて
忘れ物をしないようにね　⬇　明日の準備をしておこうね

叱り方のヒント④ 子どもと取引しないようにする

親子で「これができたら、ゲームをしてもいい」といった形で取引をしている場合がありますが、私はそのような取引をおすすめしません。なぜかというと、その取引は**「これができなかったら、ゲームをとりあげる」という罰則になりやすく、罰則をうまく運用していくのは難しい**からです。

たまたま子どもに合ったルールを設定できて、問題なく運用できればよいのですが、ルールが厳しすぎたり甘すぎたりすると、なにかと言い合いになります。

守れそうにないルールであれば子どもは不満を抱え、いろいろと文句を言うでしょう。そこで冷静に話し合いができればよいのですが、子どもを叱りつけてしまうこともあると思います。いろいろと衝突するうちに結局ルールを変えることになって、取引がなし崩しになってしまったという話もよく聞きます。そうなると、叱ることが増えたうえに、教えることもうまくいかなかったという結果になります。取引をすることは避けたほうがよいでしょう。

叱り方のヒント⑤ いたずらは叱らないでスルーする

子どものいたずらを叱らないというのも、ひとつのヒントです。

例えば、人前でお腹を出したりお尻を出したりして、いたずらをする子がいます。そういう子は、親がいちいち飛んでいって叱りつけていると、そのやりとりをおもしろがって、もっといたずらをするようになることがあります。そういう子には、親にかまってほしくて、お尻を出しているようなところがあるのです。

その場合には、**「叱らない」ということが一番の対策**になります。叱っても行動が変わらないのなら、どうすれば子どもが自発的にやめようと思うのかを考える。子どもが親の反応を見て楽しんでいるのなら、反応しないでスルーするのが一番です。

親は、子どもがお腹を出してもお尻を出しても「はぁ？」という感じで、冷めた反応をすればよいのです。そうすれば、子どもは「こんなことをやっていても、しょうがないか」と感じます。そして、なにか別のことを楽しむようになっていきます。

叱り方のヒント⑥ 危険ないたずらは体を張って止める

いたずらのなかには、刃物をさわろうとするような危険な行動もあります。そういう行動はスルーできません。「危ないよ」「さわらないで」などと注意して、やめさせる必要があります。ただ、言葉で注意して伝わればよいのですが、子どもによってはすぐに伝わらない場合もあります。例えば小さい子の場合、危険性をまだよく理解できないことがあります。また、ある程度大きくなってきても、言葉で一度言っただけでは行動を切り替えられない子もいます。その場合には、危険ないたずらは体を張って止めましょう。

子どもが刃物などをさわろうとしたら、「危ないよ」などと注意しながら、その子の手をとってやめさせます。そして、危険なものを子どもの手が届かないところに置きます。

叱り方のヒント⑦ 子どもをほめる機会を増やす

最後はちょっとひねった、逆説的なヒントです。**子どもをほめるような関わり方を増やしていけば、叱ることは減っていきます。**

いたずらをして親の気を引こうとしている子の場合、それ以外にやり方が思いつかないから、いたずらをエスカレートさせていくようなところがあります。その子に適切な行動のとり方を教えていけばいたずらは減り、叱りたくなる場面も減っていくでしょう。

例えば、日頃から親しみやすい態度で「一緒に遊ぼう」と誘いかける様子を見せる。子どもがそれを見て学び、いたずらをしないで、その子なりのやり方で遊びに誘えたら、軽くほめる。そうやって「社会的にポジティブに見てもらえる行動」を具体的に教えていくと、適切な行動が増え、結果として叱ることが減っていきます。

叱り方のポイント「親の本気が試されている」

叱り方のヒントをいくつか紹介しましたが、そのなかには「いたずらはスルーすればおさまる」というような、やり方次第で叱らなくて済むケースがありました。じつは、そういうケースがけっこうよくあるものです。

「叱り方」の解説の冒頭で、叱るのがうまい人はめったに叱らないという話をしました。そういう人は「子どもに行動をあらためさせるには、どうすればいいか」を本気で考えています。そして「いたずらはスルーする」というような対応をとります。

じつは、子どもの行動をあらためるための最善の方法は、「叱る」ではないことが圧倒的に多いです。**「行動を誘発する環境をつくらない」「危ないことは体で止める」など、叱ることよりも有効な方法**があります。叱ることを本気で考えていくと、そういうことに少しずつ、気づいていくことができます。

もちろん、やむを得ず叱らなければならない場面もあるでしょう。それをゼロにする必要はありません。叱る場面もあるけれど、叱る必要がない場面もある。そのことに少しずつ気づいていく。そうやって叱ることを減らしていけば、叱り方がうまくなっていきます。

叱ることを減らすために、子どもの行動について、本気で考えることができるかどうか。叱り方を見直すときには、親の本気が試されているのです。

「ほめる・叱る」から「ほめる・ほめない」へ

叱ることを本気で考え、叱る回数を減らしていくと、最終的には子どもをほとんど叱らなくなって、「ほめる・叱る」というよりは「ほめる・ほめない」で対応するようになっていける場合もあります。

子どもが自主的に取り組んでいることはほめる。よくほめながら、適切なやり方も教えていく。そして子どもが適切ではないことをしていたら、**叱るというよりは環境を調整して対応する。**そうすると、子どもはほめられたことを積極的にやるようになり、そういう行動を中心として生活を組み立てていくようになります。あまり問題を起こさなくなり、叱る必要がなくなっていきます。

誰もがそのようにうまくいくわけではありませんが、叱り方を見直して、必要以上に叱りすぎてしまうことを減らしていけば、子育てが楽になる場合もあります。そんなイメージをもって「ほめ方・叱り方」の見直しに取り組んでいきましょう。

ほめ方と叱り方をひと通り解説したところで、もうひとつ事例を紹介しましょう。このような場面があったら、みなさんは子どもをどのようにほめたり叱ったりしますか？　自分だったらどうかを考えながら、読んでみてください。

事例4　宿題の間違いを指摘されてイライラする子

Dさんは小学生の女の子です。勉強が嫌いで、宿題をすることが嫌で嫌で仕方がありません。一人ではなかなか進まないので、いつも親に横についてもらい、アドバイスをしてもらっています。しかし、親に横から間違いを指摘されると、それでますますイライラしてしまうこともあります。

親は、Dさんが一人で宿題をやったら多少ミスがあってもほめようと思っているのですが、そういうことはめったにありません。「叱りすぎないように」とも思っていて、問題の正しい解き方をおだやかに伝えるようにしていますが、Dさんに「うるさい!」などと言い返されると、つい叱ってしまいます。

このような状況では、どんなほめ方・叱り方をするのがいいのでしょうか。

解説

子どもが間違いを指摘されるとイライラしてしまうのは、宿題の負担感が強すぎる証拠で、その子にとって難しすぎるのです。

苦手な勉強に取り組んで難しい問題を一生懸命解いたのに、それが間違っていると言われたら腹が立って当たり前です。Dさんはなにも悪くありません。丁寧に教えている親御さんも悪くありません。**悪いのは宿題**です。課題の設定にミスがあり、子どもをただただ苦しめています。もはや虐待と言ってもいいと思います。

Dさんの事例は、親御さんのほめ方・叱り方には問題はありません。本人がその子なりのやり方で宿題をやったらほめるというのは、適切なほめ方です。多少ミスがあってもほめるというのも、よい考え方だと思います。叱り方も、叱りすぎずに教えていこうとしていて、よく配慮されています。言い合いになって感情的に叱ってしまうこともあるようですが、それは仕方のないことです。

この事例のように、ほめる・叱る以前の問題がある場合も、残念ながらあります。その場合は**環境を調整して（この場合は宿題のレベルを子どもに合わせて）、対応していく**しかありません。

宿題はできるところまででOK、間違っていてもOKということにしましょう。本人なりにできたらOKです。場合によっては、親が手伝ってもOKだと思います。どんな形でもできたことを「えらかったね」とほめて、それで終わりにしましょう。

ただし、そのような対応を続けていては、いつまでも本人が自分に合った勉強をすることができません。タイミングを見ながら学校側と相談していくことも必要です（現実的には、宿題の調整をしてくれない学校もありますが）。

私は、このような事例は虐待のようなものであり、学校側は宿題の分量や難易度を調整しなければいけないと思います。

ベストは宿題の内容を変えることです。

宿題が子どもの実力に合ったものであれば、子どもは間違いを指摘されたときに「あ、そうか」「間違っている」と受け止めて、答えを直します。たまたま間違えただけで、その子にとってたいした問題ではないからです。その場合には、間違いを指摘し、正しい解き方を教えるのも対応として問題ないでしょう。

能力が足りないことを叱ってはいけない

子どもが宿題で何度も間違える。叱ってもそれが直らない。それはなぜかというと、問題が難しすぎるから。つまり、**子どもに対して高望みをしている**からです。

その宿題は、いまその子に教えるべきことではありません。ですから、間違えていても叱るべきでもありません。

子どもがなにかをうまくできないとき、親や先生はよく「集中して実力を発揮すれば、間違えないでできる」などと言いますが、子どもは実力に合った課題なら、そんなに間違えたりしません。難易度が高いから、必死でやってもミスが出るのです。それが実力だと理解して、適切な課題を設定しなければいけません。

私は、**親や先生は子どもの能力が足りないことを叱ってはいけない**と考えています。

子どもがテストでミスをすると「ケアレスミスだ」「もっと集中して」と叱る人がいますが、それは間違っています。**ケアレスミスも実力のうち**です。問題の難易度が高くて、いろいろと気にしなくてはいけないことがあり、ケアレスにならざるを得ないので、ミスをしているのです。それがその子の実力なので、叱るのは間違っています。

私は、小学校時代は勉強がよくできるほうでした。ミスはほとんどしませんでした。しかし中学・高校は進学校に行ったので、学習内容の難易度が上がり、テストではケアレスミスが増えました。そして大学では実力が下位のほうになり、テストではミスだらけ。惨《さん》憺《たん》たる成績になりました。ミスというのは、そういうものです。自分の実力と課題とのバランスで、ミスが起きてくるのです。

子どもがミスをしたときに、能力や努力が足りないと言って叱るのはやめましょう。それよりも課題を調整し、子どもがあまりミスをしないで取り組めて、いろいろなことを学べるようにしていってください。

ヴィゴツキーの「発達の最近接領域」

すでに解説した通り、叱るというのは、なにかを教えることでもあります。叱っても改善しないということは、教えてもわからないということでもあるわけです。

何度叱っても子どもの行動があらたまらない場合、その子はまだ、その内容を学ぶ段階にはなっていないのだと考えましょう。

子どもには、その子に合った課題があります。その子の発達段階に応じて、学べることは違います。そのような段階のことを**「発達の最近接領域」**と言います。これはロシアの心理学者レフ・ヴィゴツキーが提唱した考え方で、**子どもには、自力では到達できないけれど、ほかの人の援助があれば問題解決ができる領域**があるということを示しています。

大人がうまくその領域を見つけて、子どもを手助けしながら教えていけば、子どもはいろいろなことを学びやすくなるということです。

発達障害の子の場合、さまざまな特性があるので、平均的な子どもとは「発達の最近接領域」が異なります。それを意識しないで「常識的」「平均的」な子育てをしていると、子どもに無理をさせてしまうことがあります。

叱っても改善しないという場合には、いま取り扱っている課題がその子の「発達の最近接領域」に入っていないのだと考えましょう。その場合には、**叱ることよりも先に、課題を見直すことが必要**になります。宿題が難しすぎるというのは、そういうことです。

青いイチゴの例と「発達の最近接領域」

第1章のクイズで「青いイチゴをもいでしまった子が、大小に気づいた」という例を紹介しました（22ページ）。その正解として、大小に気づいたことをほめ、イチゴをもいでしまったことは叱らないという対応を解説しましたが、それなどはまさに「発達の最近接領域」を見極めた対応です。

子どもにとって、大小を学ぶことが、いまちょうどよい課題になっている。それに対し

援助があれば解決できる「発達の最近接領域」

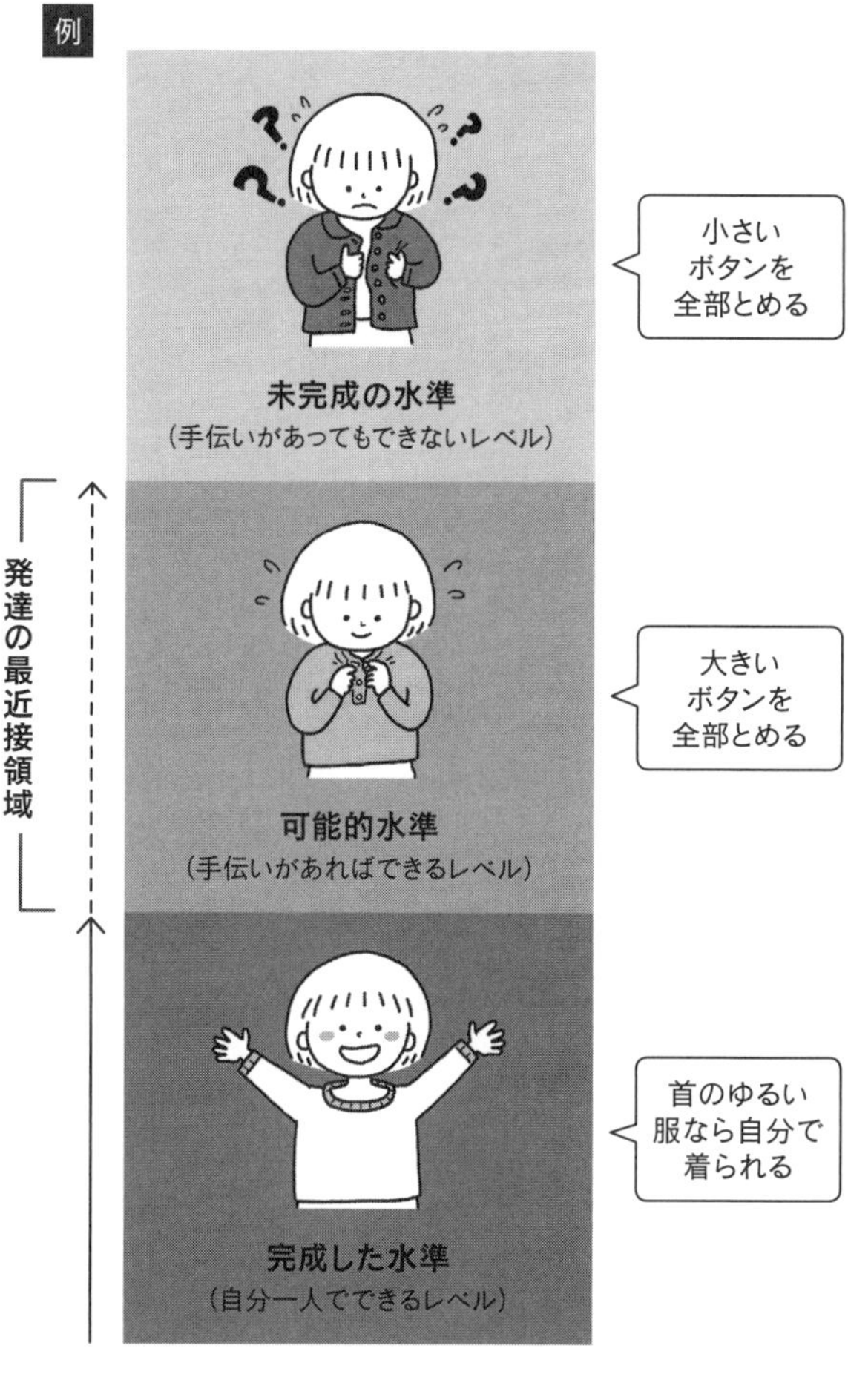

てイチゴを取り扱うことは、課題としてはまだちょっと早い。そこで、まだ難しいことは教えずにイチゴを隠すことで対応し、いままさに学ぼうとしている大小の概念の習得を、ほめてサポートした形になっています。

その場合、子どもが成長して「青と赤という色の概念」「植物が育っていくときの変化」などを学べたら、そのときに「イチゴは赤くなってから摘むもの」ということを、あらためて教えればよいわけです。

発達障害の子のほめ方・叱り方のまとめ

率直に言えば、方法は重要ではない

ここまでにいろいろとほめ方・叱り方の方法論を書いてきましたが、最後に率直なところを言ってしまうと、私は「方法」は重要ではないと思っています。

子どもをほめたり叱ったりするときに「場をおさめる場合はポーズで叱ってもいい」というような技術論を参考にしていただくのは、それはそれでよいことなのですが、テクニックでできることには限界があります。

叱り方の解説にも書きましたが、どんなにテクニックを学んでも、親も人間ですからイライラして子どもを感情的に叱ってしまうこともあります。そういう叱り方が多い場合には、親自身のストレスに対処していくことも必要です。そうなってくると、ほめ方・叱り方の方法論ではなく、親の人生論を考えることになります。

親自身が仕事や自分自身の人間関係などのなかで、いろいろと無理をしている。その無理が子どもにも影響してしまって、親子で負のスパイラルに陥っている。それでつい、叱ることが多くなってしまっている。そのようなケースでは、叱り方を考える前に、親御さんに手当てをする必要があります。**お子さんもいろいろと苦労していますが、親御さんも、それ以上がんばることはできない**のです。私はそのような人に「ほめ方・叱り方をもっと工夫してみましょう」などと言うことはできません。

この本の内容は子育ての参考になると思いますが、いろいろと実践をしてみてもうまくいかない場合や、そもそも実践する余裕がないという場合には、一人でがんばらないで、発達の専門家に相談してほしいと思います。

子どもは大人の「本心」を見抜いている

「方法は重要ではない」と考えている理由が、もうひとつあります。

ほめ方のキーワードは「下心」、叱り方のキーワードは「本気」だと書きました。子どもは方法ではなく、親の「下心」や「本気」を見ています。ただ方法を変えただけでは、子どもに本心を見透かされるかもしれません。

例えば、親子で手をつないで歩いているときに、子どもが手を離して勝手に走っていって転んでしまい、怪我をすることがあります。大人はそういう子が走り出すと「危ないよ」と注意して、走るのをやめさせようとします。しかし、やんちゃな子は大人の言うことを聞きません。注意されても走っていって、そしてやっぱり転んでしまいます。そういうとき、大人は「ほら、だから言ったでしょ」と言ってしまいがちです。「危ないよ」と注意したのに転んだんだから、言うことを聞かなかったあなたが悪い、次からは言うことを聞いてね、という態度を見せてしまうのです。

しかし、子どもにしてみれば、親は自分が走り出したときにはちょっと声をかけてきただけで、本気で教えてくれなかったのに、自分が転んで災難にあったら近づいてきて、なぜか怒っている、というふうに感じるのではないでしょうか。

子どもは多くの場合、そんなふうに言葉だけで注意する人の言うことは、真剣に聞きません。またいずれ、同じことを繰り返すでしょう。

もしも子どもが急に走り出すと危ないと思うのなら、体を張って止める必要があります。手をしっかりとつないで離さないようにするか、子どもが手を離して走り出したら、本気で追いかけて、体を張って子どもを守る。そうやって本気を見せれば、子どもに「急に走り出さないでほしい」という気持ちや言葉が伝わりやすくなります。

親は無力、子どもを変えることなんてできない

さらに率直に言うと、私は、親は無力なものだと思っています。親と子どもは別々の人間です。身も蓋もない言い方をすれば、親がほめ方や叱り方を調整したところで、子どもをがらりと変えることなどできません。**子どもは、自分が変わりたいと思ったときに変わります。**親はほめたり叱ったりすることで、そのサポートをするくらいのことしかできません。そのくらいの考え方で子育てをしていったほうがよいと思います。逆に言えば、ほめ方や叱り方を調整してうまくいかないことがあっても、引け目に感じる必要もないということです。

親子の相談を受けていると、親御さんから「この子は全然反省しないんです」「先生も注意してやってください」などと言われることがありますが、私にも、お子さんを反省させるような注意をできる自信はありません。

子どもを変えることなんてできませんが、親子の話を聞いて、一緒にいろいろと考えて

いくことはできます。そうすることで、お子さんがそれまでよりも少しはのびのびと生活できるようになり、親御さんも楽になるということはあります。そういうことを目指して、みなさんとお話をしています。

高望みを捨てれば、叱らなくてもよくなる

この本では、子どもに難しい宿題をやらせるのは高望みだと書きましたが、**親が子どもに「全然反省しない」「これぐらいやってほしい」と思う気持ちも高望み**です。「親バカ」という言葉もあるように、親というのはわが子を高く評価し高望みするものです。子どもが「全然反省しない」と思ってしまうのは、ある意味、仕方がありません。

大事なのは、その期待が叶わなかったときに「ああ、これはちょっと高望みだったな」と思って、軌道修正をすることです。高望みを捨ててしまえばいいのです。そこで軌道修正ができずに高望みを続けていたら、子どもを必要以上に叱ってしまいます。軌道修正ができれば、叱らなくてもよくなります。

子育ての根底には、「親が欲をかいてはいけない」ということがあります。特に発達障害

の子の場合、親に下心があればあるほど、子どもの特性やその子自身のやりたいことを見なくなってしまって、ものごとが悪い方向に進むことが多くなります。なかなか簡単なことではありませんが、高望みは捨てましょう。

高望みを捨てようと言われると、「いや、自分はそこまで高望みはしていない」と感じる人もいるかと思います。むしろそういう人のほうが多いでしょう。

では、**高望みとはどういうことか？** 図にしてみましたので次ページをご覧ください。縦軸は「子どものパフォーマンスの高さ」を表しています。子どもがなにか活動をしたときの、出来のよさです。横軸は時間の経過を表します。

折れ線で示したように、子どものパフォーマンスは高く発揮されることもあれば、あまりうまくいかないこともあります。子どもの活動には波があるのです。特に発達障害の子の場合、パフォーマンスの波が激しくなりがちです。環境が整っていればうまくいき、そうでなければひどく苦しむということもあります。

子どもがそのように波のあるパフォーマンスを見せているときに、親は子どもに対して

「子どものパフォーマンス」と「親の高望み」

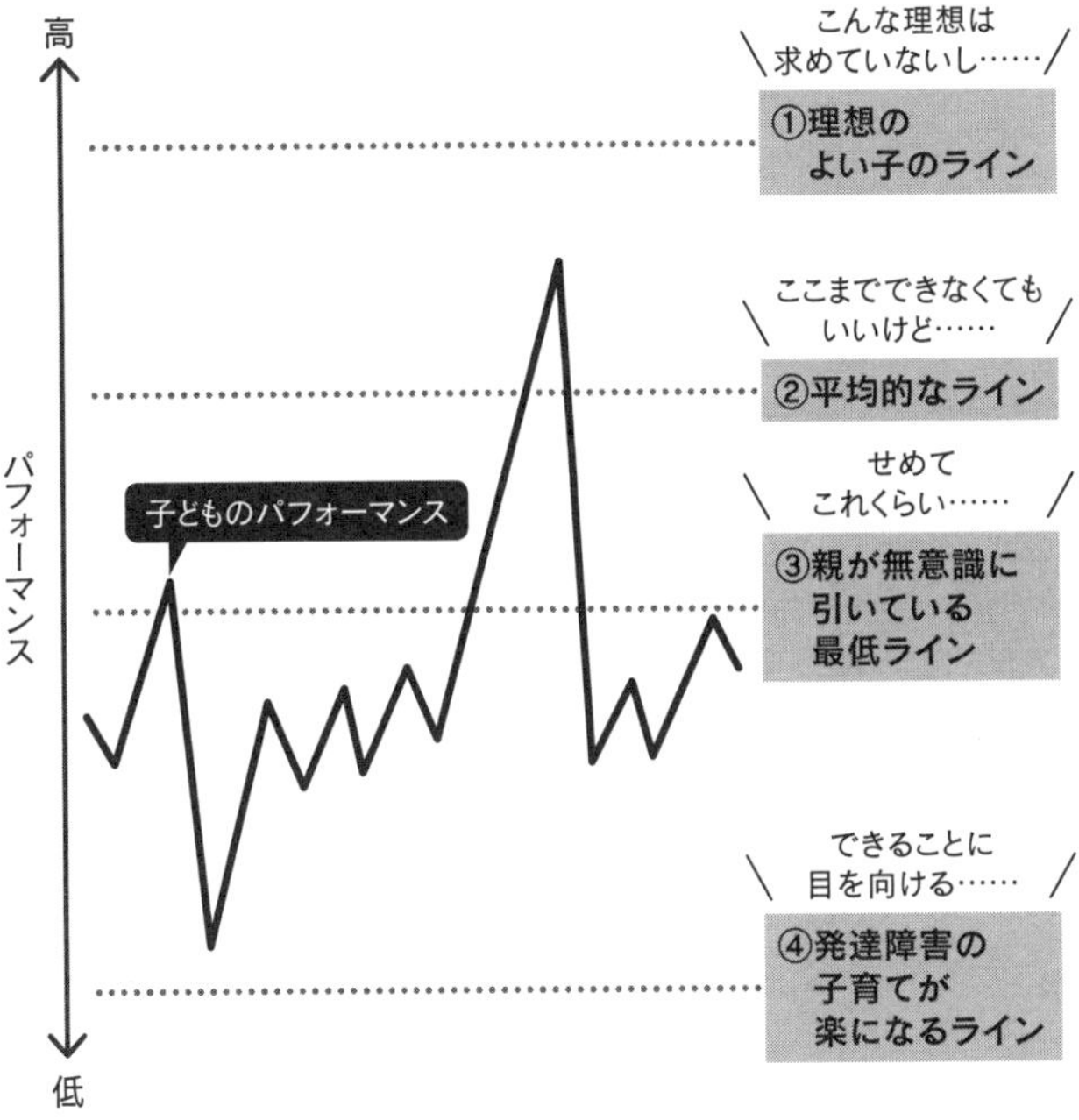

縦軸は「子どものパフォーマンス」、横軸は「時間」を表す。折れ線グラフで示すように、子どものパフォーマンスは高いこともあれば低いこともあるし、活動の出来には波があるもの。

無意識に目標となるラインを引いています。それが横線で示したものです。

一番上の①は「理想的なライン」。いつでもよい結果が出せるという、最高峰のラインです。親が子どもにここまでの成果を求めることは、さすがに少ないかもしれません。

上から2番目の②は「平均的なライン」です。ほかの子と比べたときに、このくらいできていると見劣りしないというラインです。

③は「せめてこれくらいは、というライン」。平均までいかなくてもいいけれど、せめてこれくらいはやってほしいという、やや低めの期待値です。

一番下の④は「子育てが楽になるライン」。特に目標や期待をかかげずに、子どもの成長をのんびり見守っていこうというラインです。

みなさんは、このなかでどのラインが「高望み」だと思いますか？

親の考える高望み、子どもにとっての高望み

答えは③です。みなさんのイメージする「高望み」と一致しましたか？

「理想は求めていない、平均までいかなくてもいい、でも、せめてこれくらいはやってほ

しい」というのが、高望みです。

135ページの図では、子どものパフォーマンスが平均を下回ることが多くなっていました。そのような状況で**①の理想や②の平均を求めるのは、かなりの高望み**となります。ほとんどの親が、そこまでは求めないのではないかと思います。

そこで親としては、平均よりもやや下に目標を設定して、レベルをかなり下げて考えていくわけですが、それでも子どもにとってはまだちょっと高い目標になることがあります。

この図の子の場合、パフォーマンスが③のラインより下のことが多いので、つねに③のラインを超えていくのは簡単ではないでしょう。親としてはかなり妥協したつもりでも、**子どもにとっては③のラインも高望み**となります。実際に、この図の子が③のラインを期待されたら、かなり苦しむことになるはずです。

親は無意識に「最低ライン」を引いている

じつは、親は多くの場合、無意識に②③のようなラインを引いて、子どもを見ています。子どもの様子を見て「この子はこのくらいはできるだろう」ということを無意識に考え、そこに「最低ライン」を引いてしまうのです。「平均とまでは言わないけれど、このくらいの力は発揮できるようになってほしい」「うまくできることもあるのだから、がんばればここまではできるはず」という期待値を頭のなかで設定し、それを基準にして子どものパフォーマンスを見るようになっていきます。

そのラインが運良く、子どもの実態よりも低めであればよいのですが、**多くの場合、親は子どもに期待をかけて、少し高めにラインを引いてしまうもの**です。平均値を基準にしてラインを引いてしまうこともよくあります。そうやって期待ありき、平均ありきでラインを引いてしまうと、発達障害の子のように個性的なパフォーマンスをする子には、厳しいラインになっていきます。

「最低ライン」を下げることがポイントに

最低ラインを子どもに合わせて下げられるかどうかが、発達障害の子を育てるうえでは重要なポイントになります。先ほどの図の子の場合、パフォーマンスが低いときもあるので、それよりも低い④のラインを最低ラインにしたいところです。

親が「④のラインくらいのことができていればＯＫ」と思っておくと、子どもは安心してさまざまな活動に取り組めます。自分なりのやり方をいつも認めてもらえるので、心配しないで、のびのびとやっていけるのです。親としても、子どものやり方で基本的にＯＫなので、ほめすぎることや叱りすぎることがなくなります。

そういう意味では、やらなければいけない「最低ライン」というよりは、これでいいのだという「ＯＫレベル」として意識するとよいかもしれません。

「ＯＫレベル」を低めに設定して、子どもの努力を肯定的にとらえる。本人がすごくうまくいったと思って達成感をもっているときには、その気持ちに共感してほめる。うまくいかないことがあっても、いちいち叱らない。本人なりに一生懸命やっていればＯＫ。なにかずれていることがあったら、適切なやり方を教えていく。高望みを捨てて最低ライン＝ＯＫレベルを下げると、そのような形で適度にほめたり叱ったりできるようになります。

だからこそ「せめてこれくらい」はＮＧワード

高望みを捨てれば、変に下心をもつこともなくなり、子どもを素直にほめられるようになります。その子なりにがんばったとき、心から「やったね！」と声をかけられます。また、子どもに変に期待しすぎることもなくなり、叱ることも減っていきます。あれもこれも注意しなければという意識ではなくなるので、この本を読みながら、どうすれば子どもが行動をあらためるか、落ち着いて考えられるようになっていくでしょう。

第2章で子育てのポイントとして、**「せめてこれくらい」はNGワード**とお話ししたことは、この高望みを捨てるという話にもつながっています。「せめてこれくらいはやってほしい」という高望みを捨てれば、ほめ方も叱り方も変わっていきます。子どもの心に届くほめ方・叱り方ができるようになります。だからこそ「せめてこれくらい」はNGワードなのです。

世の中の平均値を参考にして「せめて」と考えるのはやめて、「この子はどうしたいんだろう」「どんなふうに発達していくんだろう」ということを考え、子どもを主役として、子育てをしていきましょう。そうすれば、ほめるのも叱るのもうまくなっていきます。

ほめ方・叱り方は、方法論というよりは、親としての姿勢によってできあがっていくものです。一生懸命練習しなくても、考え方が変われば、少しずつ変わっていきます。**ほめ方や叱り方で悩んでいる人は、高望みを捨てることに取り組んでみてください。**「せめて

親が無意識に引いている最低ライン(=「せめてこれくらい」)

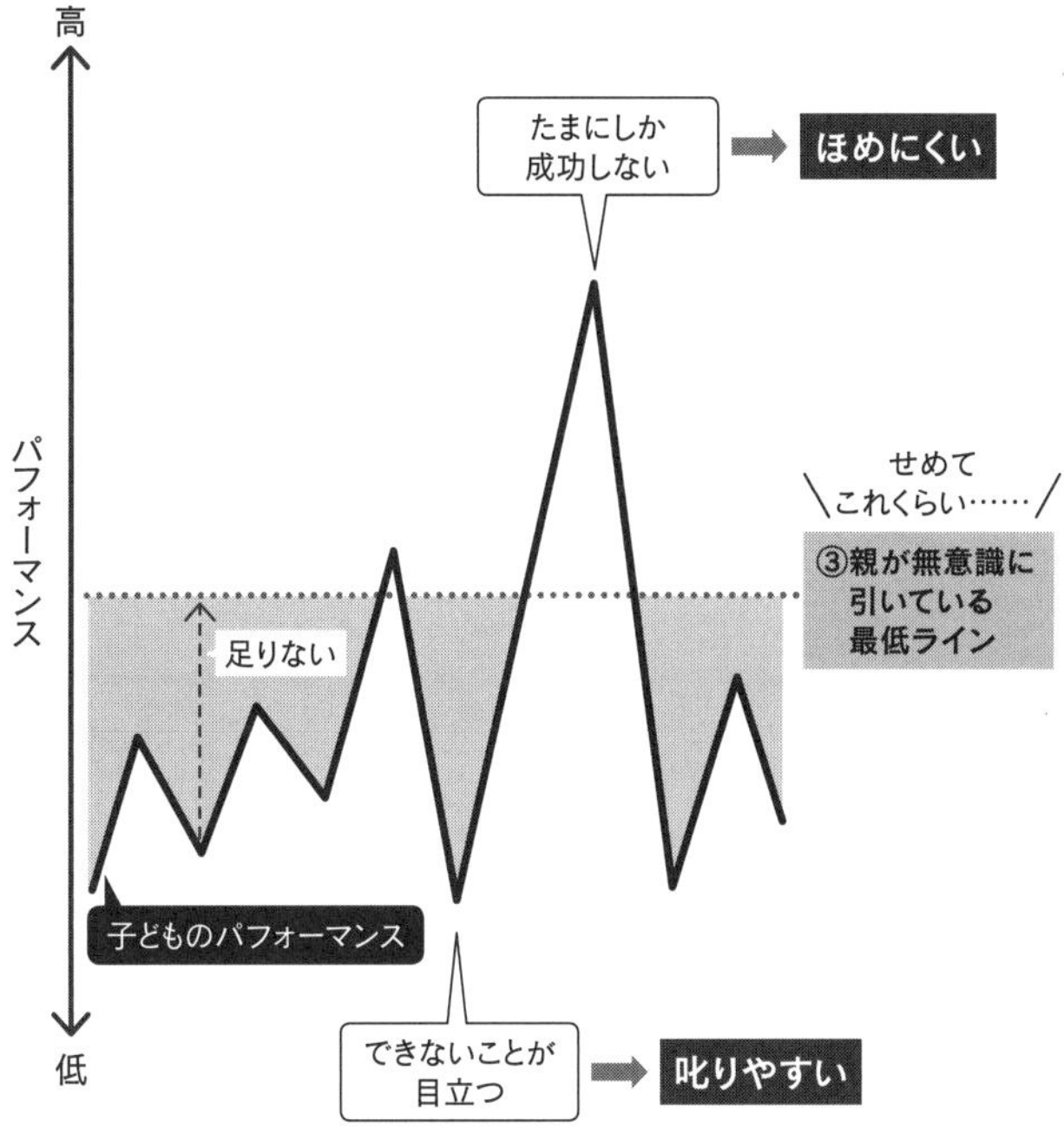

「せめてこれくらい」と思っていると、ほめるチャンスは少なくて、叱ってしまう瞬間が多い。いつもいつも、子どもの実力より高いところの目標に目が向いてしまう。

これくらい」と考えることを、少しずつでも減らしていく。それがほめ方・叱り方を変えるための一歩になります。少しずつ、やっていきましょう。

「ほめ方・叱り方」Q＆A

ほめ方や叱り方の話をするとき、親や先生から質問されることがいくつかあるので、最後に少し、Q＆A形式で紹介します。参考にしてみてください。

Q1 ほめるタイミングがわからない場合は？

A1 わからないなりの対応でOKです

ここまでに「子どもの気持ちに共感してほめる」という方法を紹介しましたが、子どもの気持ちが読み取りにくくて、ほめるタイミングがわからない場合もあると思います。

感情表現をあまりはっきりとしない子もいます。親の側が、子どもの表情の変化に気づくのが苦手というケースもあるでしょう。その場合、子どもをタイミングよくほめるのは難しいかもしれません。やってみてうまくいかなかったら、それ以上無理をしないようにしてください。親も、苦手なことに無理に取り組む必要はありません。

表情などから気持ちを読み取りにくい場合には、子どもが「やった」と口に出して言っているとき、拍手やガッツポーズをしているとき、好きな趣味について語っているときなど、達成感が形になって出ているときにほめてみましょう。たまたまそういう瞬間に気づくときもあると思います。そんなとき、ちょっと声をかけてみてください。**子どもが自慢げに話しかけてきたときに「よくがんばったね」と返事をするのもよい**でしょう。

子どもがその子なりの方法でやっていくのと同じで、親も自分ができる範囲で、自分なりの方法で対応していけばよいと思います。

Q2 本を読んで、やり方を急に変えても大丈夫？

A2 よい変化なら、基本的には問題ありません

この本を読んで、ほめ方・叱り方を変えようと思ったとき、「急にやり方を変えて、子どもが混乱しないだろうか」と感じることがあるかもしれません。確かに、親が急に話し方などを変えると、子どもが戸惑うこともあるでしょう。

ただ、それが「子どもがほめてほしそうなときには積極的にほめる」「叱ることが多かったのを減らしていく」といったよい方向への変化であれば、基本的には問題ありません。お互いに最初は混乱するかもしれませんが、少しずつ慣れていくでしょう。

大切なのは、やり方を変えるならブレずに続けていくことです。親の姿勢に一貫性があれば、子どもは「こういうときにはほめられる」「これをやると叱られる」ということを理解していきます。そうすると、子どもの気持ちや行動にも一貫性が出てきます。さまざまな活動に、安心して取り組めるようになります。

もちろん、やってみてうまくいかなければ見直すことも必要ですが、特に問題がなければブレずに続けていきましょう。

Q3 「ほめ役」「叱り役」を決めたほうがいい?

A3 結果として役割ができるのはよいと思います

家族の相談を受けていると、両親のどちらかが子どもをよく叱っているから、もう一方は「ほめ役」をやっているという話を聞くことがあります。結果としてそのような役割分担になり、親子関係が落ち着いているのなら、それはそれでよいと思います。

結果として役割ができるのはよいのですが、先に役割を決めてそれに合わせてやっていこうとするのはおすすめしません。「ほめ役だから、なるべくほめなくちゃ」などと考え出すと、ほめなくてもよい場面で変にほめてしまったりするものです。それではうまくいかなくなる可能性が高いでしょう。

親にもそれぞれに個性があります。「ほめ役」をやろうと思っていても、それが合わない場合もあるかもしれません。自分なりのほめ方や叱り方を実践していくなかで、**結果として役割ができていく場合もある**というくらいに考えるのがよいと思います。

Q4 祖父母にも同じやり方をしてもらうのが理想的？

A4 やり方を全員で統一する必要はありません

「祖父母が子どもをほめすぎる」「叱りすぎる」といった相談を受けることもあります。祖父母にも適切なほめ方や叱り方を伝えたほうがよいのか。これはケースバイケースです。

祖父母が子どもをあまりにも叱りすぎているのであれば、話し合うほうがよいかもしれません。子どもの特性を伝えて「こういうところは叱りすぎないようにしてほしい」と言うのもひとつの方法です。ただ、どこまで理解してもらうのがよいかは、子どもの特性、家族の関係性、祖父母のタイプ、祖父母と接する機会の多さなどによっても変わります。個別に判断していくしかありません。

どのようなケースでも言えるのは、**家族全員で方針を統一する必要はない**ということです。この本を読んで参考になる方法があったとしても、それを祖父母など家族全員に実践してもらう必要はありません。実践したいという人がいればやってもらってよいのですが、興味のない人に無理におすすめするのはやめましょう。

Q3で役割分担の話を書きましたが、大人にもそれぞれに個性があります。虐待でなければ、それぞれが自分なりの役割で一貫性をもって子どもと接していれば、それで問題はありません。多少、甘い人や厳しい人がいても、それはそれで、子どもは「そういう人」だと思って接するようになります。

Q5 発達障害を理解してくれない人がいたら？

A5 変わる可能性があるかどうかを考えます

家族のなかに独自の教育論をもっている人がいて、発達障害の特性などを説明しても、その人だけはまったく考え方を変えてくれないということもあると思います。そのような相談を受けることがあります。

その場合、相手が変わる可能性があるかどうかを検討してみてください。少しでも可能性があるなら、話し合うことを続けて、じっくり取り組むのもよいでしょう。この本を読んでもらって、意見や感想を聞いてみるのもよいと思います。

「変わる可能性」を見極めるのは難しいのですが、子どもの特性の話をしたとき、その話を聞こうとするかどうかがポイントになるかもしれません。話を聞く気がある人なら、変わる可能性もありそうです。一方、そもそも話を聞こうともしないのであれば、望みはかなり薄くなります。

なにを言っても変わりそうにない場合には、その人はそういう人だと思って、やりすごすしかありません。そのときに大事なのは、その人に合わせないことです。自分はこの本のやり方などを参考にして、子どもとの接し方をいろいろと見直していく。家族からなにか言われても聞き流して、子どもを主役にして、子育てをしていく。そのように割り切って対処していけば、**子どもも相手を見て「この人は自分の話を聞いてくれる」「この人は全然聞いてくれない」と理解して、その子なりにやっていく**ようになります。

第4章

発達障害の子の暮らし方
場面別のポイント

発達障害の子は、苦手なことをやらなくていい？

発達障害の子を育てていくときには「得意なところを伸ばすこと」と「苦手なところは無理をさせずにサポートすること」が大事だと、よく言われます。

それは確かにどちらも大事です。この本でも「本人が得意なことをしたときに、共感しながらほめる」「苦手なことをいちいち克服させようとせず、環境を整えて対処する」といった方法をおすすめしてきました。子どもに「高望み」をしないことの重要性もお伝えしました。

少し前の第2章では、発達障害の子は「苦手なことや嫌なことから全力で逃げ回ったほうがよい」という話もしました。そのほうが、多くを学べるという趣旨でした。

そのようなメッセージを読んできて、みなさんは次のように感じませんでしたか？

「苦手なことをやらなくていいというのは、ただの甘やかしなのでは？」
「発達障害の子は、苦手なことは教えてもらってもできないの？」
「だとしたら、苦手なところは一生サポートしなければいけない？」

「どんなに苦手でも、自分でやらなければいけないこともあるでしょう？」
「厳しく叱ったりしないで、丁寧に教えていく方法だってありそうだけど……？」

苦手だからと言って、子どもが「やらない」「教わらない」「やってもらう」ということを続けていたら、本人のためにならないと感じませんでしたか？

苦手なことを「無理に」やらなくてもいい

このように感じた人は、鋭いです。

確かに、苦手なことをやらないで、すべて人任せにしていたら、大きくなってから困ることも出てくるでしょう。それでは子どものためになりません。大事なのは苦手なことを「無理に」やらないということです。「無理に」がポイントです。

苦手なことを「苦手なやり方」で「無理に」やっていたら、なかなか身につきません。失敗も多くなるでしょう。そういうやり方を避けて、子どもが本人なりのやり方で、無理なく学んでいくことが大切です。

苦手なことを「やらない」のではなく、その子なりのやり方で「やる」。そのために親や先生がその子に合いそうなさまざまなやり方を教えたり、サポートをしたりする。苦手なことには、そのように対応していきましょう。

苦手なやり方ではなく、自分なりのやり方で

発達障害の子には、さまざまな特性があります。そのため、一般的なやり方ではうまくできないことがあります。

例えば学習障害の子は、一般的なやり方では教科書をうまく読めない場合があります。それが「苦手なこと」です。「一般的」「平均的」「常識的」なやり方では、苦手なのです。そういう子は、文字を拡大したり、文字の色を変えたり、音声で聞いたりすれば、内容をよく理解できる場合もあります。苦手なやり方ではうまくできないけれど、自分なりに工夫すればうまくできる、という例もあるわけです。

発達障害の子に、親や先生が「みんなと同じようにやりなさい」と言い聞かせていたら、その子は苦手なことを苦手なやり方で、無理にやることになるかもしれません。それでは

苦手なことはなかなか身につかないでしょう。私は、**発達障害の子にはそういう画一的なしつけや教育から「全力で逃げ回ること」をおすすめ**しています。発達障害の子は「ふつう」から逃げて、自分なりのやり方を探すことが大事なのです。

「自分なりのやり方」をどうやって身につけるか

そこで第4章では、発達障害の子が日々の暮らしのなかで、「自分なりのやり方」をどうやって身につけていくかを解説します。家庭や学校のさまざまな場面でどんなことがポイントになるのか、親や先生にはなにができるのかを、私が見聞きしてきた事例をまじえながら、具体的に説明していきます。

「自分なりのやり方」というと、子ども本人が一人でやり方を工夫するイメージがあるかもしれませんが、一人でなんでもできるようにしていく必要はありません。

子どもが「これは苦手だけど、人に少し協力してもらえばなんとかなる」というふうに理解し、人の力を借りてやっていくのも「自分なりのやり方」です。

大人でもスケジュール管理などが苦手で、家族に手伝ってもらっている人がいますよね。

それと同じで、子どもも「これは一人で、ふつうのやり方でできる」「これはちょっと工夫が必要」「これは一人では不安だから手伝ってほしい」ということを判断できるようになることが大切なのです。

親や先生は、発達障害の子が自分の得意なことと苦手なことを理解し、苦手なことには自分なりのやり方を見つけていけるようにサポートをしていきましょう。

では、「苦手なところは無理しない」とは、どういうことなのか。具体的な場面の解説を始める前に、事例をひとつ紹介します。

事例 1 勉強はがんばっているけど、身のまわりのことは親任せの子

Eくんは小学生の男の子です。幼児期から本を読むのが好きで、図鑑を熟読しては、マニアックな昆虫を覚えたりしていました。その頃、発達障害があることがわかりました。記憶力が強い子なので、親は「勉強が得意なのでは」と予想していましたが、小学校に入ってみると、そうでもありませんでした。Eくんは、好きなことはよく覚えるのですが、興味のないことはほとんど読み飛ばし、聞き流して、学ぼうとしません。そのため、学校の成績には波がありました。どちらかというと、「勉強が苦手」と言っ

てもよい成績でした。

親は「せっかく読解力や記憶力があるのだから」と考え、Eくんを早くから学習塾に通わせました。学習する習慣をつければ苦手な教科の成績も上がって、将来につながると考えたのです。Eくんは学習塾に通うことで、苦手な教科の勉強も、文句を言いながらもやるようになりました。

Eくんは勉強以外にも、身のまわりのこともとても苦手です。着替えや入浴、歯みがきなどのコツが身につかず、いつも親に手伝ってもらっています。その点は、なかなか上達しません。親は、勉強をがんばっているEくんにそれ以上負担をかけたくないと考え、身のまわりのことについては、無理に練習をさせていません。

ただ、着替えなどをいつまでも手伝っていていいのだろうか、体育の授業で着替えるときにEくんは困っていないだろうかと、不安になることもあります。

解説

みなさんのまわりにEくんのような子はいませんか？

苦手なことがいろいろとあるなかで、それぞれにどんな対応をすればよいのか。苦手なことをいつまでも手伝っていて大丈夫なのか。みなさんもこの事例のように、対応に悩む瞬間があるのではないでしょうか。

勉強と身のまわりのこと、大事なのはどっち？

発達障害があることがわかると、親はどうしても、子どもの苦手なことを意識してしまうものです。できているところは安心して見ていられる。でも、苦手なこと、できていないことは心配でたまらない。それが親の素直な気持ちでしょう。

Eくんの事例はまさに、親が子どもの「苦手なこと」を心配して、将来に向けていろいろとサポートをしているという例でした。この例について、解説していきましょう。

Eくんの場合、「勉強が苦手」「身のまわりのことが苦手」ですが、本人が工夫しているのは勉強だけでした。Eくんは苦手な教科にも取り組んで、自分なりのやり方で成績を上げようと努力していました。一方、身のまわりのことは、親ががんばってサポートをしていました。Eくんが自分なりにスキルを身につけることはなかなかうまくいかず、手伝ってもらうのが当たり前という状態でした。

じつは、発達障害の子にはこのような例がよくあります。**発達障害の子の相談を受けていると、本人が勉強や対人関係などの園生活・学校生活にがんばって取り組んでいて、身のまわりのことについては、親が全面的にサポートしているという話**をよく聞きます。

発達障害の説明では「対人関係の困難」「不注意」「学習の遅れ」などの特徴が強調されることが多いので、おそらく多くの親は「それがこの子の課題なんだ」と認識するのでしょう。また、親としては「勉強や対人関係は、本人ががんばってやっていくしかない」「家庭のことは代わりにやってあげられる」と意識することもあるのではないかと思います。「勉強や対人関係は、社会に出てからも重要になる」という思いもあるかもしれません。

このように勉強や対人関係への対応が注目されやすいのですが、私は、家庭での生活習慣よりも勉強や対人関係を優先することを絶対におすすめしません。

大人になったときに大切なのは「生活力」

私がなぜ、家庭での生活習慣を重要視するのか。それは、**発達障害の子が大人になったとき、「生活力」がなくて困ってしまうパターンが多い**からです。

大人になって社会に出たときには、仕事をするにしても、一人暮らしをするにしても、生活力が必要になります。

例えば仕事では、具体的な知識やスキルも必要ですが、持ち物の管理、デスクの片づけ、書類の整理、休み時間に効率よく昼食をとることなどに、ある程度の生活力が必要になります。仕事に合わせて、身だしなみを整えることも大切です。どんな仕事でも最初のうちは、雑用をやることも多いです。そのとき、専門知識はあっても生活力がなくて雑用ができないという人は、まわりの人に評価されず、職場定着に苦しむ場合があります。

一人暮らしでは掃除や洗濯、炊事、買い物などを、自分で済ませなければいけません。生活リズムや予定などの管理も、自分でやっていくことになります。

仕事や家事をなにもかも自分一人でできなくてもよいのですが、例えば「書類の整理が苦手だけど、同僚に少し手伝ってもらえば最低限の処理はできる」「自炊はできないけど、予算の範囲内で毎日の食事を済ませることはできる」といったスキルを身につけて、自分なりの方法でやっていく必要があります。

発達障害の人には、子どもの頃にそういう部分を親にやってもらっていたために、**生活面で「自分なりのやり方」を身につけることができないまま社会に出てしまって、あとで**

苦労しているという人が、けっこういるのです。

できれば幼児期から、身のまわりのことを教えたい

勉強が苦手な子が、いろいろと工夫をしながら自分なりのやり方を探していくのは、基本的にはよいことです。

ただ、子どもが勉強と身のまわりのことをどちらも苦手としていて、一度に両方の課題に取り組むのが難しい場合に、2つを天秤にかけて、勉強のほうをとってはいけません。なぜなら、**勉強はやりたいことさえ見つかれば、いつでもスタートできますが、身のまわりのことは、あとまわしにすると大変**だからです。

私は、幼児期から小学校低学年くらいまでの間に、子どもに身のまわりのことを教え始めたほうがよいと思っています。その頃は、子どもが親のやることをまねしたがります。そういう時期に簡単な片づけなどを教えておくと、年齢が上がってからもやり方がなんとなく身についていて、片づけを自分でやったりもします。小さい頃なら、「自分のことは自分でやる」ということを教えやすいのです。

しかし思春期になると、子どもは親の言うことを聞かなくなります。子どもによって年齢は違いますが、そういう時期になると、身のまわりのことを教えても素直にやらないので、教えるのに手間がかかります。その頃までに「親にやってもらうのが当たり前」という意識が根付いてしまった場合、ますます大変です。そうならないように、早いうちから生活スキルを大事にして、子どもに少しずつ教えていくことをおすすめします。

「勉強を教えるなんて、100年早い！」

この本の第1章で、私は「身のまわりのことを教えていないのに、勉強を教えるなんて、100年早い！」という話をしました。それは「子どもに勉強を教える前に、もっと大事なことがあるでしょう」という話です。

勉強は、何歳になってもできます。大人になって仕事についてから業務に興味をもち、自主的に勉強して大成する人もいます。本当に学びたいと思うことがあれば、学習する習慣を身につけることは、いつでもできるのです。**勉強は、身のまわりのことをあとまわしにしてまで、教えるようなことではありません。**

というわけで、この本では発達障害の子の暮らし方について、勉強や対人関係ではなく、生活面のスキルから優先して解説していきます。まずは、これからあげていく生活スキルを子どもに教えることができているかどうか、チェックしてみてください。親が全部を代わりにやってしまっているという場合は、今日からでも少しずつ、子ども自身が取り組めるように、仕組みを工夫していくことをおすすめします。工夫の仕方も合わせて解説していきますので、参考にしてみてください。

また、生活スキル以外のこと、勉強や対人関係などについても心配な人は多いと思いますので、本章の後編ではそれらの項目もしっかり解説していきます。生活スキルをチェックしたあとで、次の課題として読んでみてください。

前編　生活スキル編

場面別のポイント①　身だしなみ

発達障害の子の生活スキルとして、課題になりやすいことのひとつが「身だしなみ」です。例えば、着替えるのが苦手で、いつも親に手伝ってもらっているという子がいます。第1章のクイズでも、そういう子どもの例を紹介しました。

事例2　不器用で着替えをいつも手伝ってもらっている子

着替えが身につきにくいことの原因はいろいろと考えられますが、よくあるのは、手先が不器用で着替えがうまくできないという例です。その場合、無理に練習をさせる必要はないのですが、それでも少しずつ、本人なりに着替えられるように教えていきたいところです。

しかし、親が朝晩忙しくて余裕がなく、本人に任せると「着替えに時間がかかる」

「本人がイライラしてかんしゃくを起こす」といった背景があると、丁寧に教えていく時間はとれないかもしれません。

対応 着やすい服に変えて、着替えの難易度を調整しよう

その場合には、子どもが楽に着たり脱いだりできる衣類を用意しましょう。

例えば、子どもがボタンの多い服を着るのに苦労しているのなら、首まわりがきつくなくて、スポッとかぶれば着られるような服に変えます。そういう衣類を主に使うようにして、着替えの難易度を下げてしまうのです。それで子どもが自分一人で着替えられるようになってきたら、本人が嫌にならない程度にボタンがついている服なども、試していきます。

この場合、大事なのは子どもに「親に着替えさせてもらうのが当たり前」だと意識させないことです。「できるときは自分で着替える」「難しいときは少し手伝ってもらう」くらいのバランスになるように、衣類を変えて、着替えの難易度を調整しましょう。

忙しいなかで、子どもに難しいことを教えるのは大変です。それよりも、子どもの着替えを観察して、「この子はどんな服だったら着替えやすいだろう？」と考えてみてくださ

い。そして**いろいろな衣類を試していきましょう。試してみて子どもが苦労しているときは、手伝ってしまってかまいません。**親も無理のない範囲で対応していきましょう。

親として「こういう服を着てほしい」という思いもあるかもしれませんが、そこで「親の都合」を少し控えて、子どもに合わせるようにしてみると、着替えの苦労が減り、親子ともにストレスが軽くなることもあります。試してみてください。

事例3 毎日着ている服装にこだわりがあり、衣替えができない子

着替えの悩みには「衣替えができない」というものもあります。よくあるのは、子どもが好きな服に強いこだわりをもっていて、それ以外の服を激しく拒絶するパターンです。

例えば、子どもが特定のジャンパーにこだわっていて、夏になってもジャンパーを着たがるようなことがあります。そういう子は、親が夏物の衣類を出してジャンパーをしまおうとすると、ひどく嫌がります。「ジャンパーがなければ学校に行かない」などと言い出す場合もあります。親は、子どもが季節感のない服装をすること、夏に厚着をして体調を崩してしまうことなどを心配しますが、その思いが子どもになかなか

伝わりません。

対応 気分や体調がよいなら、衣替えはしなくてもいい

この場合、やや極端な話になってしまいますが、**衣替えはしなくていい**と思います。

発達障害の子は、服装にこだわりをもつ場合もありますが、感覚面の特性があり、暑さや寒さを感じにくい場合もあります。どちらのタイプにとっても、世間一般のしきたりに合わせて衣替えをするのは重要なことではありません。その子たちにとっては自分が着たい服、自分に合っている服を着ることが重要です。そのほうが気分よくすごせるからです。

真夏にジャンパーを着ていて汗をかいて、気分が悪くなれば、子どもはジャンパーを脱ぎます。本人が体調を崩したり「気持ちが悪い」と言ったりしないで気分よく着ているぶんには、そのままでもよいのではないでしょうか。

私が見てきた子どもたちのなかには、小学校時代、同じ種類の服をサイズだけ変えて、着続けたという子もいます。親御さんは子どもの気持ちを理解して、同じ種類の服をずっと買い与えていました。その親子は、衣類で悩むことはありませんでした。

スティーブ・ジョブズも、いつも同じような服（黒いタートルネックにジーンズ）を着ていましたよね。私も、いつも同じような服装をしています。柄などを選ぶのが面倒だからです。本人が心身の調子を崩さずに暮らしていけるなら、**衣替えをしないで一定の服装をしていても、問題ない**と思います。

注意1 衣替えを嫌がり、気分や体調が悪くなっている場合は？

ただし、子どもが服装にこだわりすぎて冬でも薄着をしてしまい、風邪をひきやすくなっているなど、健康に悪影響が出ている場合には対応をとる必要があります。

本人が寒さを感じにくいタイプで、元気に半袖を着ているのならいいのですが、なかには色にこだわりがあって、寒くても半袖を着ているというケースもあります。その場合、本人の好みを聞きながら長袖の服を用意すれば、衣替えができる可能性もあります。

また、子どもに感覚過敏があって、長袖の服を着るとチクチクするから着られないという場合もあります。家にある長袖の服がどれもチクチクして嫌だから、冬でも半袖を着ているという子もいるのです。その場合には、本人が違和感をもたずに着られる素材の服を探すことで、長袖を着られるようになることがあります。

注意2 洗顔、入浴、歯みがきなどにも感覚過敏の影響がある

身だしなみに関連する悩みで、子どもが洗顔や入浴、歯みがきを嫌がったり、うまくできなかったりするという話もよくあります。

この場合にも、感覚過敏が関係していることがあります。感覚が敏感で、顔を洗うときに水がつくのが嫌だという場合や、歯ブラシが口の中に当たる感触が苦痛という場合などがあります。着替えについては親が衣類を工夫することができますが、洗顔や歯みがきなどの場合、家庭で対応していくのは難しいかもしれません。

見本や手順表を見せることで、子どもが安心して少しずつ取り組めるようになる場合もありますが、そのような工夫をしても難しい場合には医療機関などに相談し、専門家に対応を聞いてみるのもよいと思います。

事例4 小学生になっても一人でトイレに行けない子

「子どもが一人でトイレに行けない」という悩みを相談されることもあります。

着替えが苦手なケースと同様に「手先が不器用」「感覚が敏感」といった背景がある場合には、環境を見直しながら少しずつ対応していきます。便座にカバーをつけたり、

トイレの照明を明るくしたりすることで、一人で行けるようになる子もいます。トイレの音が苦手な子の場合、耳栓を利用すると行ける場合もあります。

一方で、子どもの能力的な面、トイレの環境的な面には特に問題がなさそうなのに、なぜか一人では行けないという場合もあります。例えば、以前は一人で問題なくトイレに行けていたのに、ある時期から親が一緒にいないと行けなくなるというケースがあるのです。

対応 気持ちの問題か、能力的な問題かを見極める

その場合、能力的には一人でもトイレに行けるけれど、不安が強くて、親に一緒にいてほしいのかもしれません。だとすると能力的な問題ではなく、気持ちの問題です。

気持ちの問題は多くの場合、一時的なものなので、「いまはそういう時期なんだな」と受け止めて、ある程度は子どもに合わせていいと思います。トイレの前まで一緒に行けば子どもが安心できるのであれば、そのように対応していてよいでしょう。

ただし、不安が見受けられるケースでも、子どもが「うまくできるかどうかわからない」と感じていて、親にお尻を拭いてもらおうとするような場合もあります。それは気持ちの

問題というよりは能力的な問題です。その場合は子どもの要求に応えるよりも、その子に合った形で練習をしていったほうが、問題解決につながる可能性があります。

気持ちの問題なのか、能力的な問題なのか。それを見極めるためには「この子はどうしてトイレに行けないいんだろう」と考えてみることが大切です。

ここでもやはり「子どもの都合」を考えることが大事なのです。「親の都合」で「以前はできたんだから、一人で行けるはず」と突き放すのではなく、子どもがいまどう感じているのかを考える。「子どもの都合」を一生懸命読み取ろうとする。そうすることで、問題解決の糸口が見えてくることがあります。

場面別のポイント② 食事

食事関連では、偏食のことをよく相談されます。例えば、次のようなケースです。

事例5 偏食が激しくて、給食の野菜や魚をすべて残す子

Fさんは小学生の女の子です。偏食が激しくて、特定のものしか食べません。好ん

で食べるのは白いごはん、食パン、肉など。家族はほかにもいろいろなものを食べていますが、Ｆさんは興味のないものには見向きもしません。

学校でも、給食の野菜や魚はすべて残しています。先生やまわりの子から「少しは食べてみたら」と声をかけられても、かたくなに食べません。

親は「このままでは栄養バランスが悪くなって、病気になるのでは」と心配していますが、メニューをあれこれと工夫しても効果がありません。Ｆさんはそれなりの量は食べていて、空腹で倒れるようなことはないのですが、このまま好物だけを食べる生活をしていていいのでしょうか。

対応　偏食はどんな場合でも放っておくのがベスト

偏食にはいろいろな原因がありますが、よくあるのは「こだわりが強い」というパターンです。ＡＳの特性がある子によく見られます。その子のなかで一時的に食べ物のブームがあり、その時期にはそれしか食べません。ブームが去ると、食べるようになります。

Ｆさんの場合、偏食が長く続いているので、こだわりではないかもしれません。こだわり以外の原因としては、感覚の異常などが考えられます。感覚面の特性があり、特定の味

偏食は、下手に食事指導をせずに放っておくのがベスト

や食感に苦痛を感じるというパターンです。これは一時的なものではなく、ずっと続きます。偏食が継続する場合には、そのような可能性も考えられます。

ただ、どちらの場合でも対応は同じです。偏食は、放っておきましょう。**どんな場合でも放っておくのがベスト**です。

こだわりの場合は、あれこれ介入すると、こだわりが強くなる可能性があります。こだわりは放っておくのが一番です。

感覚の異常がある場合は、無理をさせてはいけません。本人が苦痛を感じる食べ物を避けているのなら、その通りにするのが一番です。本人に任せたほうがよいのです。

注意 下手に食事指導をすると、悪影響が出ることも

偏食を放っておかないで、親や先生があれこれと手を焼いて状況がよくなることは、ほとんどあり得ません。

世の中には「出されたものはすべて食べる」というような決まりをつくって子どもを指導し、偏食を改善させたと胸を張る人がいますが、それは無理やり食べさせているだけです。そういう指導を受けた子は、**大きくなっても「出されたものはなんでも食べなければ」**

と考えるので、太りやすくなります。食べすぎて体調を崩してしまうこともあります。私が見てきた子のなかには、そういう指導を受けたせいで、バイキングで食べすぎて体調を崩した子もいます。それでは食生活の改善にはなりません。

場面別のポイント③ 家事の手伝い

これは親御さんから相談されることではないのですが、診察中によく話題になることなので、紹介します。

事例6 家事の手伝いを教えてもらっても、全然できない子

私たちは発達障害の子を育てている親御さんによく「家事の手伝いを頼むといいですよ」と言うのですが、そうすると、親御さんが「そうかもしれませんけど、まだうまくできなくて、足手まといになるので」と答えることがあります。

確かに、家事のやり方を教えてもうまくできなくて、足手まといになってしまう子はいます。しかしそこで「できないから」という理由で機会をつくらないでいると、子

どもの生活力はなかなか伸びていきません。

対応　できていなくても気にしないで、簡単な家事を頼む

家事の手伝いを「できる」「できない」で考えるのはやめましょう。「できないから、まだやらせなくてもいい」と考えるのは、基本的には親の都合です。子どもの長い人生を考えれば、できなくても、少しずつでも体験をさせたほうがよいはずです。

子どもの手伝いは、出来のよさを気にしないで、気楽に頼みましょう。**結果がどうあれ、子ども本人がやった気になっていれば、それでＯＫ**です。子どもが家事について「これは自分でやること」「自分でもできる」と実感することが大切です。

親は、子どもがやっても困らないこと、危なくないことを、その子の役割として設定しましょう。本当に大事なところは親がやって、失敗しても特に問題ないようなことを、子どもに任せます。例えば調理の手伝いを頼むと子どもがお皿を割ってしまうようなら、落としても割れないものだけ持たせるようにします。そういうちょっとした調整を心がけながら、子どもに家事を頼んでいくのです。

なお、家事というのは調理や掃除、洗濯のような、家族みんなのための仕事です。**自分**

の食器を下げることや脱いだ服を片づけることは、家事というよりは「身のまわりのこと」です。それはもともと本人がやることなので、家事の手伝いにはなりません。身のまわりのことは本人が自分でやるように教えながら、それに加えて、「みんなのための家事」も少し手伝ってもらうようにする。そんなバランスで考えてみてください。

注意 楽しい雰囲気のなかで、自信をつけていけるように

個人差がありますが、多くの場合、子どもは小学校に入るくらいまでは、家事の手伝いを楽しんでやります。大人が使っているものに興味をもって、同じものを使いたがったりします。その時期には、家事を教えやすいと思います。

年齢が上がると、楽しみながらやるというよりは、言われて渋々やる感じになります。大きくなったら、**ダメもとで頼むくらいの気持ち**でいたほうがいいかもしれません。毎日の家事を頼むのが難しければ、年末の大掃除のときに「忙しいから、手伝ってくれる？」と声をかけてみるのもよいでしょう。そこで「少しは手伝って！」「できるんだから、やりなさい」などと叱りつけると子どもは反発し、結局家事をやらなくなってしまいます。家事の手伝いを頼むときは、子どもが嫌がらないように、雰囲気をよくすることが大切です。

子どもの頃に家事を経験した子は「自分はいざとなれば家事ができる」という、ちょっとした自信を身につけます。

思春期になると「面倒だから家事はやらない」と言ったりもしますが、その裏に**「いざとなればできる」という自信があるか、そもそもやり方がわからなくて「やろうとしてもできない」状態なのかで、将来は大きく違ってきます。**

特にADHの特性がある子の場合、家事を毎日コツコツと続けるのが苦手なので、そこで少し自信をもてるかどうかが、とても重要になります。「毎日はできないけど、いざとなればできる」と思うことができれば、子どもは多少うまくいかないことがあっても、落ち込まないでやっていけます。

また、自信がついている子は、ふだんは親に頼っていても、親がいないときには自分で掃除をやったりもするものです。そういう子は一人暮らしを始めると、自分でそれなりに家事をできたりします。知らず知らずのうちに、生活力のベースができているのです。

一方、家事を「やらない」「できない」まま大人になった場合には、ベースがないので、あとで苦労する可能性が高くなります。小さいうちに簡単な家事を経験したかどうかが、じつは将来に響いてくるのです。

場面別のポイント④ 片づけ

ＡＤＨの特性がある子では、やはり片づけに関する相談が多いです。例えば、次のようなケースがあります。

事例7 脱いだら脱ぎっぱなし、遊んだら遊びっぱなしの子

Ｇくんは小学生の男の子。ＡＤＨＤの診断を受けています。彼は片づけるのが苦手です。親から片づけのやり方をいろいろと教えられていますが、面倒だと感じていて、学校から帰るとランドセルを放り出し、上着や靴下なども脱いだら脱ぎっぱなしにして、遊び始めます。そして友達に誘われたりすると、遊び道具もそのままにして、出かけていきます。

親は、最初のうちはやり方を教えたり、使いやすそうな棚を用意したりして工夫していましたが、Ｇくんの行動がまるで変わらないため、最近はなかばあきらめていて、ランドセルなどを片づけ、Ｇくんを軽く注意する程度にしています。

対応 荷物を放り出す場所に「とりあえずボックス」を置く

片づけが苦手な子に整理整頓を教えるのは大変です。親がランドセルを片づけたくなる気持ちもわかります。ただ、親が片づけるのが当たり前になってしまうと、子どもは「やってもらって当然」と感じるようになっていきます。軌道修正したいところです。

お子さんが帰宅後にランドセルを放り出してしまう場合には、その場所を片づけスペースにすることをおすすめします。大きな箱を置いて「とりあえずボックス」として、そこに投げ込めばOKというくらいの、簡単な片づけ方を設定するのです。ランドセルだけでなく、上着や持ち物も投げ入れてよいことにします。玄関を入ってすぐのところに箱を置くのがおすすめです。そうすれば、子どもは帰ったらすぐに荷物を放り出せます。

まずはそういう形で「自分で片づける」という習慣を、その子なりのやり方でできるように教えていく。そしてスモールステップで、やり方を進化させていく。慣れてきたら本人と相談して「とりあえずボックス」を玄関から廊下へ移動させる。うまくいかなかったら親が片づけてボックスを元に戻す。うまくいくようなら調整を繰り返す。最終的にはその子の部屋にボックスを置く。そうやって進めていけば、子どもは自分の部屋まで荷物を持っていって、棚にしまえるようになるかもしれません。

子どもが放り出す場所に「とりあえずボックス」を用意

注意 ＡＤＨタイプの片づけ方、ＡＳタイプの片づけ方

ただ、**ＡＤＨタイプで片づけが特に苦手な子の場合**、そうやって片づけ方をレベルアップさせていくのが難しい場合もあります。そういう計画は子どもの希望というよりは親の都合になりやすく、結局「高望み」になってしまうこともあるのです。

スモールステップで教えるのはいいのですが、親が期待を込めて進めていくのではなく、あくまでも子どものペースでやっていきましょう。玄関先のボックスに荷物を放り込んでおくことが子どもの発達段階に合っているのであれば、無理にステップアップさせないで、そのスタイルで自信をつけていくのもよいと思います。

一方、**ＡＳの特性がある子の場合**、持ち物を規則的に整理するのが好きで、自分からどんどん片づけようとするケースもあります。そういう様子を見ると、親としては頼もしく感じて、さらに片づけ方を教えたくなるかもしれません。しかしそういう子は「なんでもきちんとやろう」という意識をもつことが多いので、親があまり細かいことを教えすぎると、いろいろなルールでがんじがらめになってしまう可能性があります。子どもが「あれもこれもやらなければ」と思って、必要以上のノルマをもうけてしまうことがあるのです。

ＡＳタイプの場合には、子どもが自分なりのやり方で片づけをしているのなら、それ以

上に細かいことは言わないで、本人に任せておくのもよいと思います。

場面別のポイント⑤ 忘れ物（持ち物の管理）

ADHタイプの子では、忘れ物の相談も多いです。「何回教えても忘れ物をする、どうすればよいのか」という相談がよくあります。

事例8 何回教えても、忘れ物が減らない子

例えば小学生で、しょっちゅう忘れ物をしている。体操着や上履きを家に置いていってしまう。提出物を持たせても、出すのを忘れて持って帰ってくる。忘れるだけではなくて、なぜか隣の子の連絡帳を受け取ってきたりもする。そういうミスがたくさん起きていて、教えても教えても改善しないというような相談があります。

対応1 「本人が気に病んでいるかどうか」を見る

第1章のクイズでも少し解説しましたが、不注意の特性がある子の場合、持ち物の管理

の仕方を教えても、どうしてもミスが出てしまうことはあります。基本的には、ミスを気にしすぎないことが大切です。

一般に、**人間はなにごとも3％くらいは間違えるもの**です。3％ということはだいたい30回に1回ですから、誰でも月に1回くらいはミスや忘れ物をします。ADHの特性がある人の場合、週に1回くらいは忘れ物をするかもしれません。ミスをゼロにするのは難しいものです。多少ミスがあっても、致命的な問題になっていなくて、本人が気に病んでいないのであれば、そのまま様子を見ていてよいと思います。

一方、週に何度も忘れ物があって、学校での活動に支障が出ることがあり、本人も落ち込んでいるのであれば、大人が予防策を講じたほうがよいかもしれません。親と先生が連絡帳などを使ってやりとりをして、忘れ物を減らす対策をとることをおすすめします。

その際、大人どうしで準備を済ませてしまうと、それが当たり前になっていくので、本人に覚えているかどうかを聞きましょう。連絡帳を見て、子どもに「先生はこう書いているけど、聞いている？」と確認してみてください。本人がわかっていればそれでOKです。情報が抜けていたら、フォローしましょう。

対応2 ASタイプとADHタイプ、それぞれのチェック方法

大人が予防策を講じながら、本人にも忘れ物を防ぐ方法を教えていきましょう。

自閉スペクトラムのASタイプの子の場合、手順を明確に伝えれば、本人が自分で対処できるようになる可能性もあります。例えば、持ち物のリストをつくって子どもに渡し、それを見ながら確認するように伝えてみましょう。

ADHタイプの場合には、リストがあっても気が散ってしまって、十分に確認できないこともあります。リストを渡して本人に確認させたうえで、最後に大人がダブルチェックしたほうがよいでしょう。うっかりミスが多い子の場合、よく確認させてもチェックもれがあるものです。「すべて準備できていたらラッキー」くらいの気持ちで見守ってください。

注意 レベルアップを目標にしない

大人が最初から最後まで確認すれば忘れ物は減らせますが、それでは子どもの生活力が伸びていきません。子どもが自分でも持ち物を確認できるように、ほどよく手を引きながら、対応しましょう。個人差はありますが、小学校低学年くらいまでは大人が主に確認して、もう少し年齢が上がってきたら本人に主体的にやらせていくという形がよいと思います。

ただし、そこで**「いずれは一人で完璧にできるように」といった高い目標を設定するのはやめましょう。**毎回ミスしているのを「3回に1回」「5回に1回」とレベルアップさせようとすると、それが「せめてこれくらい」という高望みになっていきます。

対策をとっていくうちに、結果として改善する子もいますが、なかなかミスが減らない子もいます。親の側で目標を立てるのではなく、子どものペースでやっていきましょう。

そうやってサポートをしていると、大人がダブルチェックをうっかり忘れてしまっても、子どもが一人でしっかり準備できるような日も出てきます。そうしたら「ここまでの手厚い対応は必要ないのかも」と考えて、本人に任せる部分を増やしてもよいかもしれません。

場面別のポイント⑥ 約束（予定の管理）

「約束をしても、予定通りに行動できない」という相談もよくあります。学校の用事を報告してくれない、友達との約束をすっぽかすといった話もありますが、特に多いのが「ゲームをしていると、切り替えができない」という相談です。

事例9 ゲームに夢中になりすぎて、夕飯ができても切り替えられない子

Hくんは小学生の男の子です。ゲームが大好きで、学校から帰って宿題を済ませると、あとはずっとゲームで遊んでいます。ゲームを始めると、夢中になりすぎて切り替えることができません。例えば、習い事の予定を忘れてゲームをしていたり、夕飯ができて親から声をかけられているのに、返事もしないでゲームをやっていることがあります。

親は、声をかけたり時計にアラームをかけたり、スケジュール表を書かせたり、いろいろな対策をとっていますが、どれも効果がありません。あまりにもひどいときはゲームをとりあげて叱っていますが、それでもまた次の日には、同じことが起こります。解決の手立てがまったく見えない状態です。

対応1 ゲームには勝てないので、妥協できるポイントを探す

最初に結論を言ってしまいましょう。親はゲームには勝てません。親の力でゲームをコントロールしようとするのはやめましょう。

親は多くの場合、ゲームをタイミングよくやめてほしいと思っていますが、ゲームには、

やめるタイミングがほとんどありません。いまどきのゲームは、そういうふうにできています。多くのソフトメーカーが手を尽くして、ユーザーがいつまでも楽しく遊べるように、ゲームをつくっているのです。その力に親一人で立ち向かうのは無理です。

この例では**「ゲームはやめられない」ということを前提**にして、Hくんの例を解説していきましょう。

この例では「夕飯ができるタイミング」と「Hくんがゲームをやめるタイミング」がずれています。親としては、夕飯ができたらゲームをやめてほしい。子どもは、本当はやめたくないけれど、親に言われて、がんばってやめようとしている。そういう状況です。

親の側は「自分が子どもを待っている」という感覚だと思います。だから、子どもが何分か遅れただけでもイライラする。でも、子どもの側には「夕飯ができたから仕方なく、ゲームを中断している」という理屈があります。子どもとしては、何分か遅れるのはしょうがないという認識でしょう。

大人は、自分が妥協していると感じるかもしれませんが、子どもも子どもなりに親の言うことにしたがっています。子どもが妥協していることを理解しつつ、本人がもう少し、納得しながら妥協できるように、工夫をしたいところです。

対応2 本気でやめさせたければ、そばでゲームを観察するのもひとつ

例えば、あと何分で夕飯の準備ができるのかを予告するのもよいでしょう。具体的な見通しが立てば、子どももゲームをやめる準備ができます。そのとき、遠くから声をかけるだけでは親の本気度が伝わりにくいので、ゲームをやっているところまで行って、「あと10分だよ」「そろそろやめられる？」などと話しかけましょう。そして、そのまましばらく子どもの横でゲームを眺めていてください。そこで親が去っていったら、子どもはまたゲームに集中します。横に立ってゲームを見て、本気でやめてほしいのだということを示しましょう。

そうやってゲームを眺めるようにすると、ゲームの「やめどき」がわかってくる場合もあります。例えば対戦ゲームで、1回の勝負に5分ほどかかるものであれば、「この試合で終わりにしようね」と声をかけることもできます。そのくらい具体的に呼びかけていけば、キリのよいところでやめられるようになる可能性があります。

注意 学校の先生や友達との予定は、親がフォローする

ゲームや夕飯をめぐるあれこれは親子の間の出来事なので、家庭でそれなりに対応でき

ますが、「学校の用事」「友達との約束」のように第三者が関わることは、親がすべて把握してフォローしていくのは難しいと思います。そのような点でトラブルが起きている場合は、親から学校の先生や友達の親に連絡をとり、大人どうしで解決していきましょう。

友達との約束をすっぽかしてしまった場合、相手方に謝るところを子どもにも見せて、本人からも謝まらせてもよいと思います。そういう形で、予定を守ることの重要性を学んでいく子もいます。ただし、子どもが嫌がる場合には、無理に謝罪をさせるのはやめましょう。まだそういうやりとりを学べる時期ではないかもしれません。

場面別のポイント⑦　おこづかい（お金の管理）

お金の悩みもけっこうあります。

子どもがおこづかいをすぐに使い切ってしまう。そしてすぐにまた「あれがほしい」と言い出す。そういう相談が多いです。ただ、家庭によって悩んでいるポイントは違います。

事例10　おこづかいをあげると、すぐに使い切っておねだりをする子

例えば、子どもにねだられると安いものならつい買ってしまって、それでおこづかい制がうまくいかなくて困っているという家もあります。決まりごとをどこまで守らせるか、という悩みです。一方、どんなに懇願されても決まった金額以上には渡さないという家庭もあります。その場合、子どもがかんしゃくを起こすことに悩んでいたりします。

また、おこづかい制にしていなくて、子どもがなにかをほしがったらそのつど個別に判断して買い与えているという家庭もあります。子どもが風呂掃除などの家事を手伝ったら、おこづかいを渡すという家庭もあります。

対応 月額制でも歩合制でもよいが、決めたらルールを守る

お金については、各家庭にそれぞれの考え方があります。そして、どのようなスタイルにもメリットとデメリットがあります。どれが正解とも言えません。家庭によって経済事情も違うので、やり方を個別に考えていくしかありません。

ここでは、私個人の考えをお伝えします。私は、基本的にはおこづかい制にしてかまわないと考えています。月額制でも、お手伝いなどに応じた歩合制でもよいと思います。た

だ、どのようなスタイルでも、子どもと相談して決めること、始めたら当初の決まりを徹底することが大事です。

例えば月額制で始めてみたものの、金額が低すぎてうまくいかず、見直しが必要になることがあるかもしれません。しかし、そこでルールを簡単に変更すると、子どもが「ごねればどうにかなるんだ」と学んでしまう可能性があります。一度決めたのなら、その期間はルール通りに運用しましょう。調整が必要な場合には、本人と話し合って翌月からの変更を検討します。おこづかいを最初に使い切ることが問題なら、渡し方を変えるのがよいかもしれません。月初めに全額を渡すのをやめて、週ごとに分けて渡すようにすると、お金を計画的に使えるようになる子もいます。そういうやり方を説明して、本人の意見を聞いてみましょう。

注意1 歩合制で「勉強」などを条件にしてはいけない

歩合制にする場合には、いくつか注意点があります。

まず「勉強」や「身のまわりのこと」を条件にしないこと。勉強や身のまわりのことは、子どもが自分のためにやることです。「勉強ができたらおこづかいを渡す」という条件を設定すると、子どもは自分のためではなく、お金のために勉強をするようになっていきます。なかには「親のために勉強をしてあげている」というような意識をもってしまう子もいます。そのようなやり方は絶対にやめましょう。

家事の解説（174ページ）で「自分の身のまわりのこと」と「みんなのための家事」の区別を説明しましたが、**おこづかいの条件として設定するなら、みんなのための家事がよい**でしょう。誰かのために仕事をして対価をもらうのは、悪いことではありません。

子どもは、自分が住んでいる家のことを「これは親の家」と思っている場合があります。そして家の掃除は「親がやること」と思っていたりします。そうではなく、「家族で住んでいる家」「みんなのための掃除」と教えていくのも大事です。その場合、子どもが手伝いをしたら、ただおこづかいを渡すのではなく、感謝の言葉を伝えるようにしましょう。そうすることで、子どもは「みんなのために働くと、みんなが喜んでくれるんだ」と実感します。

注意2　本人が「自分の課題」だと思えるかどうか

お金の問題については、各家庭の考え方や経済事情があるので、私は日頃、あまりアドバイスをしていません。ただ、いろいろな家庭を見てきて、ひとつ言えることがあります。それは、子ども本人が自分でいろいろと工夫している場合には、お金の管理が大きな問題にならないことが多い、ということです。

子どもが月初めにおこづかいを使い切ってしまう場合でも、その子が自分の課題に向き合って、残りの期間を我慢してすごしたり、親と相談して「1週ごとに渡す」といった対策を考えたりしている場合には、親子関係がこじれることは基本的にありません。

一方、おこづかいの使い方に大きな問題がなくても、子どもが「お金をもらえるのは当たり前」だと思っていて、困ったら親にすがりつくようなやり方を続けている場合、**お金の問題が他人事のようになることがあります。**子どもが、お金が足りなくなったときに「自分は悪くない」「親が冷たい、ひどい」などと考えてしまう場合があるのです。

どんな仕組みでやっていくにしても、本人と相談してルールを設定し、始めたらその決まりを守るようにしましょう。ルールのなかで、本人が親にすがらず、自分なりに工夫できるように、サポートをしていってください。

場面別のポイント⑧　寝不足（健康の管理）

子ども本人が寝不足について悩んでいることは少ないのですが、親御さんが子どもの夜更かしをどうにかしたいと思っていて、相談されることはあります。

事例11　動画に夢中で夜遅くまで起きていて、いつも寝不足な子

よくあるのは、子どもが動画やゲームにのめり込んで夜遅くまで起きていて、いつも寝不足だという相談です。「寝不足で朝起きられない」「起きても日中元気がない」「学校で眠そうにしている」といった話を聞きます。

解説

私は発達障害の解説でよく「やりたいこと」「やるべきこと」のバランスの話をします。寝不足の問題は、そのバランスの問題だと思っています。次の図をご覧ください。

私たちは日々、**「やりたいこと」と「やるべきこと」のバランスをとりながら暮らしてい**

ます。次ページの上の図は、そのバランスが適度にとれている場合です（一般の人の時間配分）。左側がやりたいことが多く、やりたいことを思い切りできる日で、右側がやるべきことが多く、やりたいことを少し我慢しなければならない日です。私たちはこの間を動きながら、バランスをとって生きています。そして通常は、どんな日でも身のまわりのことや睡眠には一定の時間をかけています。

一方、下の図は、バランスがやや乱れている場合です（発達の特性がある人の時間配分）。こだわりが強い人、日々の苦労が多い人は、このような形で「やりたいこと」をやる自由時間を増やしていって、気晴らしをすることが大切です。そうしなければ、ストレスがたまるからです。こういう人は**やるべきことが多い日でも、やりたいことを減らせません。発達障害の人にはこのタイプが多いです。**

このタイプの場合、やるべきことが多すぎる日には、身のまわりのことや睡眠にかける時間を削っていきます。寝る間を惜しんで、やりたいことをやろうとするのです。やるべきことが多い日はストレスも多いので、やりたいことにいつも以上に時間をかけます。そうやってバランスをとっているのです。

「やりたいこと」と「やるべきこと」のバランス

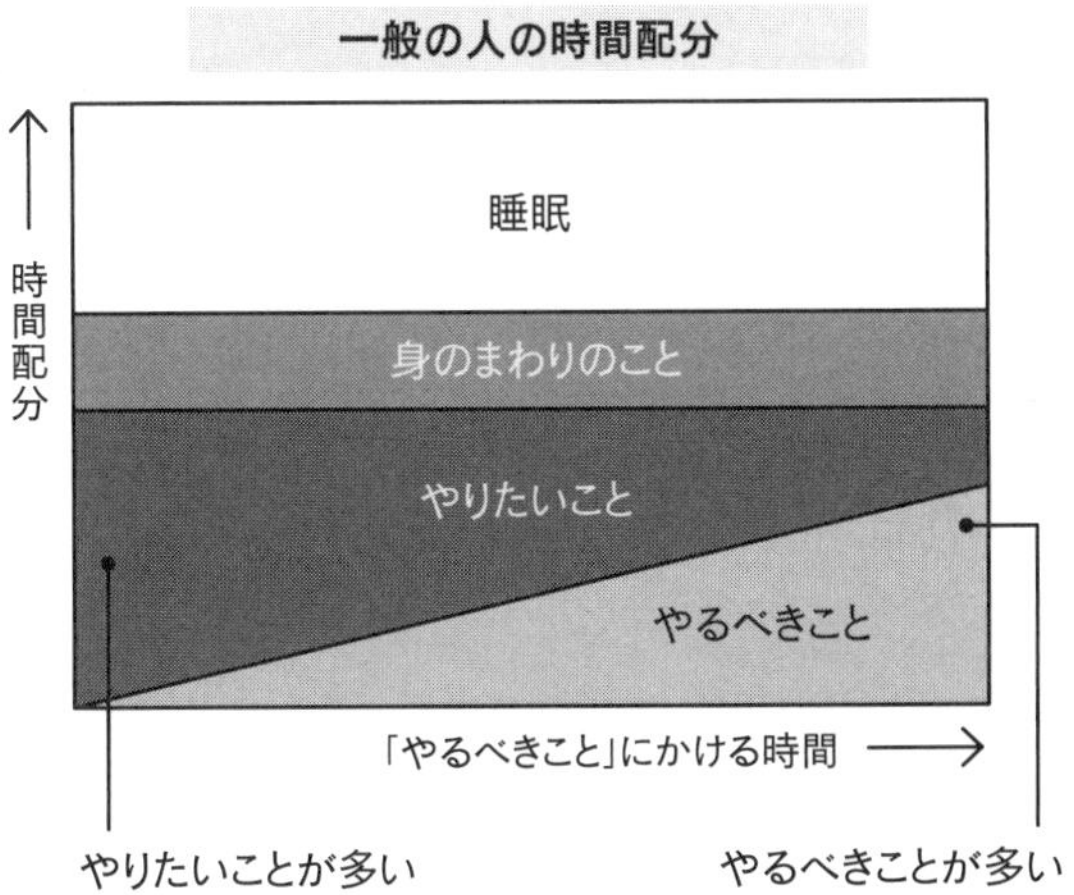

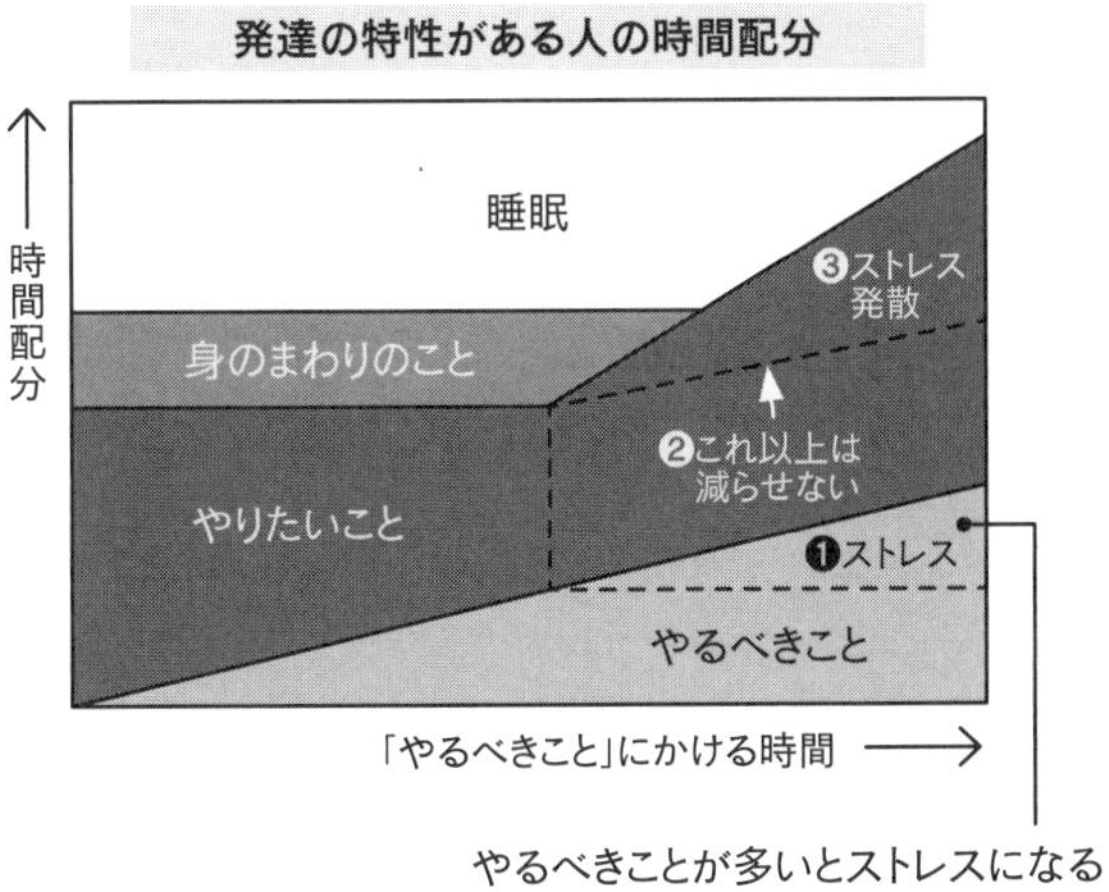

対応1 夜更かしではなく、日中の活動に対処していく

子どもが動画やゲームにハマって夜遅くまで起きているということは、日中のストレスが多いのかもしれません。**子どもは日中にやりたいことができていれば、夜にはちゃんと寝ます。**次の日もちゃんと起きて、やりたいことをやりたいからです。「明日早く起きなきゃ遅れちゃうから、そろそろやめよう」などと言って、自分で動画やゲームを切り上げます。

そうならないということは、日中の活動がつまらなくて、ストレスがたまっていて、動画やゲームで憂さ晴らしをしないとやっていられないのでしょう。その場合、夜更かしをしているのが問題なのではなくて、「明日もつまらない」と思っていることが問題です。「学校生活に問題が起きていないかどうか」「子どもが日中楽しめそうな活動はないか」といったことを検討して、日中のすごし方を変えていく必要があります。

対応2 朝起きられて体調もよいなら、夜更かしも問題なし

一方、夜更かしをしていても、朝になったらちゃんと起きて学校に行って、いろいろな活動を楽しんでいるのであれば、それほど心配しなくてもよいと思います。健康面に特に問題がなければ、そういうスタイルだと思って見守っていてもよいでしょう。

私も、睡眠時間はだいたい3～5時間くらいです。仕事を終えて帰宅すると、夜中まで音楽やお笑い、ドラマなどの動画を見て、気晴らしをします。そして翌朝4時くらいには起きて、出勤しています。私の場合、仕事も楽しくてやりがいがあるので、朝はちゃんと起きられます。でも、やりたいこともたくさんあるので、睡眠時間を削っています。それで体調を崩すこともないので、私はそういうスタイルで満足しています。

注意「寝たいのに眠れない」場合には医療機関に相談

寝不足の子のなかには、本人が「夜はちゃんと寝たい」「朝はちゃんと起きたい」と思っているのに、うまく睡眠がとれなくて苦しんでいる子もいます。その場合には、環境を見直すことや、場合によっては薬を使って治療をすることが必要になる可能性もあります。

本人が困っている場合や、親が見ていて「苦しそう」だと感じる場合には、医療機関に相談することも検討してください。

場面別のポイント⑨　マナー

私はいろいろなところで、発達障害の子は常識や平均にとらわれないで、その子らしく個性的に育っていくのがよいという話をしています。そうすると「個性的なのもいいけれど、少しはマナーも教えなければいけないのでは？」と相談されることがあります。例えば最近では、以下のような相談がありました。

事例12　食事中もスマホでアイドルの動画を見ている子

Ｉさんは小学生の女の子です。彼女は海外のアイドルが大好きで、時間があればいつもそのアイドルの動画を見ています。アイドルの情報を求めて海外のニュースもチェックするようになり、いつの間にか、外国語も少し理解できるようになってきました。ライブ映像の配信予定なども、細かく確認しています。ただ、アイドルのことが好きすぎて、食事中でも動画を見るようになってしまいました。

親は、最初は注意していたのですが、Ｉさんの熱意が強く、動画と食事をめぐって激しい口論になることが何度も続いたため、相談して「母親とＩさん２人のときは食事中でもＯＫ」「父親が一緒のときはＮＧ」「外で食事をするときもＮＧ」という決まりをつくりました。友達など、よその人が一緒のときもＮＧとしました。

親はかなり妥協して最低限のマナーを設定したのですが、そこまで子どもの個性やこだわりを認めていいのかどうか、悩んでいます。

対応　最低限のマナーを守っていれば問題なし

私は**この事例は、まったく問題ない**と思います。Ｉさんは、家の中ではある程度自由にすごして、外で食事をするときには最低限のマナーを守っています。私がこれまで解説してきた「自分のやりたいことをやる」「社会のルールは守る」を実践できているので、このまま続けていただきたいです。親子で話し合って、双方合意のうえでマナーを設定したというのも、よいやり方です。

常識的に考えると「食事中に動画なんて」と思うかもしれませんが、私も一人で食事をするときは動画を見ています。私は最近、あるお笑いコンビのことが好きで、そのコンビの出演した番組や動画をすべてチェックしているのですが、仕事を終えたら映像をどんどん見ていきたいので、食事中でも堂々と見ます。自由な時間に好きなことをやるのはよいことです。いくらやってもかまわないと思います。

注意 親子でルールを決めるときのポイント

この事例のように、家庭でなんらかのルールをつくるときには、いくつか注意したほうがよいポイントがあります。

①親も子も納得できるルールに

発達障害の子と一緒にルールを設定するときは、その子の興味や特性を理解して、常識にとらわれず柔軟に発想することが大切です。とはいえ、親として「このマナーは守ってほしい」と感じることもあるでしょう。そうやって親の立場から「社会のルール」を教えていくことも大切です。親子でよく話し合い、お互いに納得できるルールを設定しましょう。

②場面ごとにルールが違ってもOK

「家の中でマナーを守れなかったら、外出先でも守れないのでは」という心配もあるかもしれませんが、**家庭や学校、外出先など、場面ごとにルールを変えても大丈夫**です。

家庭はリラックスする場所なので、マナーについては比較的おおらかでよいでしょう。一方、学校や外出先では、一定のマナーを守ったほうが平和にすごせることも多いので、ある程度は人に合わせてマナーを守るようにしてもよいかもしれません。

そのような形でメリハリをつけると、子どもが外出先では社会のルールを守るために多少は人に合わせるようになり、それなりに緊張してすごし、そして家に帰ってきたらリラックスするという形で、バランスを取れるようになっていきます。

③最初が肝心、変更しすぎはNG

発達障害の子は、一度ルールを決めて運用を始めると、その行動パターンが固定しやすい傾向があります。特にASの特性がある子の場合、その傾向が強いです。

あとになってルールを変更すると、子どもが「どうして前はできたのに、いまはダメなのか」と混乱することがあります。できれば親子でしっかり話し合って、**最初から納得できるルールを設定するのがベスト**です。もちろん、やってみて問題が起こればルールを調整してもよいのですが、何度もコロコロと変更するのはやめましょう。

後編　対人関係・勉強・学校編

場面別のポイント⑩　対人関係

対応1　発達障害の子に「友達と仲良く」と言ってはいけない

対人関係に関する相談は非常に多いです。さまざまな事例がありますが、ここでは個別の対応というよりは、対人関係の基本を解説します。

第2章でもポイントとしてあげましたが、**発達障害の子に「友達と仲良く」と言ってはいけません。**発達障害の子に友達と仲良くすることを求めるのは、「なによりもまず多数派に合わせることが大事」だと伝えるようなものです。それでは発達障害の子は、自分のやりたいことをできなくなってしまう可能性があります。友達と仲良くやっていくのは悪いことではないのですが、目標にしてはいけません。

発達障害の子にとって、仲良くなるのは目的ではなく結果です。好きなことを楽しんでいるうちに、ふと気がついたらそこに同じ活動を楽しんでいる子を見つけた。そしてなんとなく一緒に活動するうちに、結果として仲良くなった。発達障害の子はそうやって友達をつくることがあります。無理に仲良くなったのではなく、気が合って友達になっているので、一般的な「友達」よりもむしろ仲が良かったりします。

対応2 「仲良く」と言わないで、仲良くできる企画を立てる

最近は家庭でも学校でも「みんなで仲良く」という話をすることが多いようです。しかしそれは昔から大事にされてきた価値観ではなく、最近できた風潮だと思います。私は子どもの頃に、そんなことを言われて育った覚えはありません。

学校などには「和を大切に」と言う人がいますが、和を大切にしたいのなら、子どもたちにそんなことを指示するのではなく、**子どもたちが無邪気に遊んでいるうちに、結果として和がとれるような活動を設定すべき**です。

例えば私たち大人は、初対面の人と飲み会をするとき、最初に自己紹介をしたり、簡単なゲームをやったりします。そういう企画をやることで、場が打ち解けるように工夫しているわけです。飲み会の幹事をやるような人は、よくそういう企画を考えますよね。

私たちは、発達障害の子どもたちの集団活動を企画するときには、つねに場が打ち解け

る工夫をしています。例えば、相性の悪いペアがいる場合には、その子たちの席を離したうえで、一方の子だけが興味をもちそうな活動を設定します。もう一方の子には、別に楽しめることを用意します。そうすると、2人は自然に別々の活動をして、それぞれに誰かと親しく遊んだりします。**わざわざ「仲良く」などと言わなくても、環境設定を工夫すれば、子どもたちは結果として仲良くやっていきます。**無駄な衝突を防ぐこともできます。

学校でも「みんなで仲良く」などと言っていないで、そういう企画を考えればよいのではないでしょうか。私は、子育てや教育は、大人の側がどんな企画をできるか、どんな環境を設定できるかにかかっていると思います。

また、対人関係については、**「きょうだいの関係が難しい」**という相談を受けることもあります。よくあるのが、**きょうだいのどちらかに発達障害があり、もう一方は「定型発達」という例**です。定型発達とは、発達の特性などがない、定型的な発達のことです。例えば、次のような相談があります。

事例13 発達障害がある上の子を、定型発達の下の子がバカにする

Jくんは小学生の男の子です。ASDの診断を受けています。彼には2歳下の妹が

います。妹は定型発達です。Ｊくんは会話が苦手で、質問の意図をうまく理解できず、答えに詰まってしまうことがよくあります。一方、妹は言葉が達者です。Ｊくんが聞かれていることに、代わりに答えてしまうこともあります。

２人は小さい頃は仲良くやっていたのですが、年齢が上がるにつれて、妹がＪくんをバカにしたような態度をとることが出てきました。親はそのつど妹を注意するのですが、妹には「自分のほうがよくできる」という実感があるようで、問題がなかなか解消しません。

対応　子どもたちを比較しないで、個別にほめていく

「人をバカにする」というのは、能力的に相手を下に見ているということです。そういう態度が多くなるということは、おそらく事例の妹さんは、能力主義的な考え方をしているのでしょう。家庭や学校などで能力をほかの子と比較されることが多く、この妹さん自身が能力主義に苦しんでいるから、その苦しさをお兄さんにもぶつけているのだと思います。

親や先生が子どもの能力を重視していると、子どもにもそういう考え方が移ります。「何歳でこれができたらえらい」「これができなかったら不十分」という考え方が当たり前

になり、「あの子はできる」「あの子はできない」という情報に敏感になり、子どもは「自分もがんばらなければ」とあせります。そして自分よりもできない子を見たら「あの子は自分より下だ」と感じるようになります。**能力競争をあおられる環境にいると、余裕がなくなって、つねに上下関係を意識するようになっていく**ことがあるのです。その結果として、自分よりも能力が低い相手をバカにしてしまう場合もあります。

そのような事態を防ぐためには、**大人が日頃から能力主義的な考え方を見せないことが大切**です。子どもをほかの子と比べない。きょうだいと比べない。世の中の平均と比べない。その子自身の成長を見る。そういう姿勢を意識しましょう。

親は発達障害の子のサポートを意識していると、「お兄ちゃんはがんばっている」ということを強調し、妹さんには「あなたはできるんだから自分でやってね」などと言ってしまいがちです。しかしそうやって子どもを比べていると、妹さんには不満がたまります。

お兄さんをサポートするのはもちろん重要ですが、妹さんは妹さんなりにがんばっているということも個別に見て、ほめていきたいところです。お兄さんに比べれば、妹さんは苦もなくやっているように見えるかもしれませんが、妹さんにも「ここはがんばった」「ほめてほしい」というポイントがあります。そういうところを、**妹さんが達成感をもってい**

るときにほめれば、妹さんの不満は解消していきます。

自分に見合ったほめられ方をしている子は、自分に自信をもち、ほかの子に優しくなります。自信があって余裕があれば、子どもはほかの子をバカにしません。その子はその子なりによくやっていて、満足していて、ほかの子と競争する必要がないからです。そういう姿をイメージしながら、子どもを一人ひとり、個別にほめていきましょう。

場面別のポイント⑪ 遊び・趣味

遊びについて、ときどき「一人遊びが多い」という相談を受けることがあります。

事例14 一人遊びが多く、「お友達と遊ばない」と言われる子

例えば幼児で、「園でお友達と遊ばない」というような相談です。この本をここまで読んできた方はもうおわかりだと思いますが、一人遊びが多くても特に問題はありません。どんな遊び方をしようとその子の自由です。楽しめていればそれでよいでしょう。

事例15 家に帰ってくると、一人でずっとゲームをやっている子

似たような相談で「学校ではそれなりに友達と遊んでいるけれど、家に帰ってきたら一人でずっとゲームをやっている」という話もあります。これも基本的には「どうぞご自由に」という感じですが、「ずっとゲーム」「ずっと動画」になっている場合には、ほかのことも楽しめるように、少し働きかけをしてもよいかもしれません。

対応 ほかの遊びに誘ってみて、興味を示せば続けていく

例えば、絵を描く、プラモデルをつくる、ボードゲームをする、映画を見る、スポーツをやる、電車に乗って遠出する、朝から釣りに行く、キャンプをする、などの方法です。必ずしも、新しい体験をするのがよいというわけでもないのですが、子どもに「こういうものもあるよ」と選択肢を示して、本人が興味を示したらやってみるというのはよいと思います。それで本人が興味をもった場合、あとは放っておいても積極的に活動するようになります。本人が「また○○したい」などと言ってきたら、次の機会をつくりましょう。

反対に、**やってみて本人が興味を示さない場合には、無理に続けないで放っておきましょう。**試すのは1、2回で十分です。そこで子どもにやる気を見せていないのに、親が「せ

っかく始めたんだから」「何度か行けば友達もできるはず」などと下心を出すと、その子は活動をだんだん楽しめなくなっていきます。遊ぶことが目的ではなくなって「親のため」「社交のため」の活動になっていくからです。

場面別のポイント⑫　ゲーム

遊びの例としてゲームをあげましたが、ゲームに関する相談はとても多いです。特に多いのは、約束を守れないという相談で、例えば次のような話です。

事例16「ゲームは1日1時間」という約束を守れない子

Ｋくんは小学生の男の子です。自分ではゲーム機を持っていませんでしたが、友達の家で遊んで以来、ゲームのとりこになり、親に何度も購入をせがんでいました。

親としては、ゲームは始めると時間がとられてしまうと思っていました。できれば家には置きたくなかったのですが、Ｋくんが友達の家に毎週のように遊びに行こうとするので、そのままでは迷惑をかけると思い、仕方なく購入することを決めました。ただし、ゲームのやりすぎにならないように家族でよく話し合い、「ゲームは1日1時間」「宿題が終わってから」という約束をしました。

ところが、いざ購入してみると、Kくんは約束を守れませんでした。「宿題をサボってゲームをやる」「1時間と言いながらズルズルと1時間半遊ぶ」「親が出かけているスキに長時間プレイする」といった問題が起こり、親はそのたびに注意しましたが、効果はありませんでした。親は「どうすれば約束を守れるのか」「やはりゲームは買わないほうがよかったのではないか」と悩んでいます。

解説

なぜ子どもはゲームに関する約束を守れないのでしょうか?

こういう事例では、親が約束を「話し合って決めたこと」と思っている一方で、子どもの側は「親が勝手に決めたこと」と思っている場合があります。約束をしても、子どもが納得していないことがあるのです。

なぜそうなるのかというと、子どもはゲームを買ってもらうためには、納得できない約束でも、とりあえず「守る」と言うからです。おそらく子どもは「守るつもり」くらいの気持ちで「守る」と言っているのでしょう。

その場合、子どもが約束を破れば、親は当然「話が違うじゃないか」と怒るわけですが、**子どもとしては「親が押しつけてきた約束で、自分は絶対に守ると言った覚えはない」というくらいの認識**だったりします。それで話が食い違うわけです。

子どもの側も、最初から「約束なんて破ってやろう」などと考えているわけではありません。しかし、ゲームを始めてみたら、楽しくてなかなかやめられない。事前に決めた約束を守るのが難しくなっていく。それで結果として、約束を破ってしまうわけです。

これまでにも解説してきた通り、いまどきのゲームには「やめるタイミング」がほとんどありません。「1日1時間」では守れない場合に、「1日2時間」にすれば問題が解決するのかというと、その保証はありません。親子でしっかり約束をしても、ゲームのプレイ時間をコントロールするのは難しいのです。

対応　ゲーム以外にも楽しい活動を見つけよう

子どもに「ゲームをやめる」という約束を守らせるのは難しいことをふまえて、対応を考えていく必要があります。

私は、約束を工夫することよりも、ゲーム以外に楽しい活動を見つけていくことをおすすめしています。なぜなら、楽しい活動がほかにもいろいろとあれば、ゲームにかける時間は減っていくからです。

私が見てきた子どもたちのなかには「ゲームも好きだけど、電車も好き」という子がいます。そういう子は、親に「明日は何々電鉄に乗りに行くから、ゲームは何時でやめなさい」と言われると「そうだな」と言ってやめることもあります。相対的に見て、ゲーム以外にも楽しいことがあれば、ゲームにのめり込むことは減っていくのです。

先ほど、絵画やプラモデル、スポーツなどの遊びに誘う方法を解説しましたが、そのような形でいろいろな機会をつくってみて、本人が興味を示すかどうかを見ていきましょう。

事例17 ゲームで仲間をつくり、人間関係を学ぶ子もいる

発達障害の子のなかには、学校などで大勢と対面しながら人間関係を築いていくことは苦手でも、オンラインゲームを介して友達づき合いをするときにはうまくいくという子がいます。ゲームにはそういう側面もあることを、少し解説しておきましょう。

発達障害の子は、会話に臨機応変に対応するのが苦手だったり、話し相手の表情を読み取ることが苦手だったりします。その場合、対面のコミュニケーションではどうしても緊張しやすくなるわけですが、ゲームでコミュニケーションをとるときは、自分のペースで画面を見てやりとりできることが多く、緊張感はやわらぎます。

そういう子は、ゲームを通じて仲間をつくっていくことがあります。一人でゲームを楽しむ子もいますが、ゲームで人間関係を広げていく子もいるのです。最近はプレイヤーどうしでチームを組んで競い合うゲームがたくさん出ていて、そういうゲームを通じて役割分担を学ぶ子もいます。ふだんは対人関係が苦手な子が、ゲームではとりまとめ役をやっていたりもします。ゲーム内のやりとりで仲間にやり方を教えたり、先輩に敬語を使ったりして、コミュニケーションの幅を広げていくこともあります。**ゲームを通じて学んでいる子もいるということを、知っておいてください。**

おもしろいもので、ふだんは上下関係をほとんど気にしないような子が、好きなゲームを自分よりもうまくできる人に出会うと、礼儀正しい接し方を身につけたりします。**子どもは「やりたいこと」をやっているときには、多くのことを学べる**ものなのです。

子どもたちは、コミュニケーションや人間関係を学ぶためにゲームをやっているわけではありません。しかし「やりたいこと」を好きなようにやっていると、結果としてよい経験ができていく場合もあります。

ゲームにはそういう側面もあるので、「とにかくプレイ時間を減らそう」と考えなくてもよいのではないでしょうか。いろいろな楽しい活動のひとつにゲームがあり、子どもがのめり込みすぎずに遊べるように、一緒に環境を整えていければよいと思います。

場面別のポイント⑬　スマホ

子どもが中学生くらいになると、スマホの使い方が問題になることもあります。「SNSで友達との間にトラブルが起きた」「スマホでゲームをやりすぎる」「動画をずっと見ている」といった相談があります。

対応1　SNSの使い方などを話し合ってもいい

SNSのトラブルについては、ネットリテラシーを学ぶことと、もともとの人間関係に問題がある場合には、そちらに対処していくことが重要です。発達障害の子の場合、SN

Sに思った通りのことを書いてしまう場合があるので、**「どんな書き方なら相手に受け入れられやすいのか」**といったことを一緒に考えていくケースもあります。年齢にもよりますが、親子でそういうことを話し合う機会をもうけてもよいかもしれません。

ゲームや動画など、特定の趣味に時間を使いすぎるという問題については、すでに解説した通りです。「やりたいこと」「やるべきこと」のバランスをとりながら、健康面に注意する。それから、できればほかにも楽しい活動を見つける。スマホだからと言って、対応が変わるわけではありません。

対応2 夜更かしすることを、無理に制限しなくてもいい

スマホを手に入れると、夜中まで使ってしまうという子もいますが、私は基本的に、そういう時間を無理に奪う必要はないと思っています。

思春期の子どもにとって、夜は魅力的な時間帯です。自分らしくいられる時間帯でもあります。特に発達障害の子で、日中なかなかうまくいかないことが多い子にとっては、人にわずらわされない夜のひとときは大事です。夜更かしを楽しむことも大切なので、それを制限しようとするよりも、繰り返しになりますが、ほかにも楽しい活動を見つけること

に取り組んでみてほしいと思います。
子どもは、日中に叱られることが減って、楽しい活動が増えていけば、夜に長時間ストレス解消をしなくてもよくなります。夜をほどほどに楽しみながら、翌日の楽しい時間のために眠れるようになっていきます。そういう形でサポートしていきましょう。

場面別のポイント⑭　宿題

第1章のクイズで「宿題に時間がかかる」という例を紹介しました。そこで私は「そもそも宿題なんて必要ない」と解説しました。**宿題があってもなくても、勉強をやりたい子はやる。やりたくない子はやらない。**だから宿題には意味がない。私はそう考えています。

解説

そもそも宿題は必要のないものです。宿題で苦労している子どもがいて、その子をどうサポートするか苦慮している親がいるわけですから、宿題には害しかないと言ってよいと思います。そこで私は最近、川柳をつくって、いろいろなところで発表しています。

#宿題は百害あって一利なし

本田秀夫

じつは第1章でも、この言葉をさりげなく使っていました。大事なことなので何度伝えてもよいと思い、ここでもあらためて書きました。

宿題には、害はあっても利はありません。

みなさんも「宿題には意味がない」「むしろ子どもに苦労させることのほうが多い」という話に共感できたら、ぜひこの川柳を広めてもらえればと思います。

対応　宿題は「子どもがやりたければやる」でOK

宿題は百害あって一利なしですから、親は日頃から子どもに宿題をやらせようとしたり、宿題をやっているときに叱らないようにしましょう。親が「宿題は当然やるもの」というそぶりを見せていると、子どもも宿題を義務のように感じます。それはいけません。

親が特にやらせなくても、子ども本人が宿題を「やりたい」などと言って、自主的にやっている場合は、そのままやらせておいてかまいません。宿題の設定がたまたま本人の学びたい内容に合っているということなので、よい学習になるかもしれません。

一方、本人にやる気がない場合には、宿題がその子には簡単すぎるか、難しすぎるのか、興味がもてないのだと考えられます。その場合、やってもあまり意味がないので、やらせなくてよいでしょう。そうこうするうちに、子どもが「宿題はやりたいときはやる、やりたくないときは、やりすごす」という形で、ある種の開き直りを覚えていく場合もあります。私は、宿題にはそのくらいの対応をすれば十分だと考えています。

もしも宿題をやらないことが学校で問題になるようなら、親と先生で話し合い、第1章で解説したように、宿題の内容や難易度の調整を相談しましょう。

場面別のポイント⑮ 勉強

「宿題は百害あって一利なし」という話をすると「でも勉強はやっぱり大切ですよね」「宿題にも意味はあるのでは」と言う人がいます。勉強を大事にしてきた人の場合、そう考えるのかもしれません。

解説

しかし、子どもが苦しんでいても、ほとんど学習になっていなくても、勉強や宿題をやらせようとするのは、基本的には「親の都合」です。なぜ大人は子どもに勉強をさせたがるのでしょうか？ 親が子どもに勉強をさせたがる心理は、大きく2つに分かれます。

①自分が勉強してうまくいったから、子どもにも勉強をさせたい
②自分は勉強ができなくてもたまたまうまくいったけど、子どもには勉強をさせたい

①は高学歴でよい仕事について、成功体験を積んだ人によくあるパターンです。子どもにも自分と同じようによい人生を歩んでほしいと思って、勉強をさせたがります。

②は親に勉強以外になにか得意なことがあって、たまたまうまくいったパターンです。親としては、自分は運が良かっただけで、やっぱり勉強は大事だと思っていて、子どもに勉強をさせたがります。

①と②は、どちらも子どもの将来を心配して、勉強をさせようとしています。その気持ちもわかりますが、それはやはり「親の都合」です。子ども本人がやりたいことよりも「親の安心」を優先して、子どもに課題を与えています。それでは子どもに合わない課題にな

り、負担をかけてしまうこともあるでしょう。
①と②の違いを見てもわかる通り、学校の成績の良し悪しでは、社会人になったときの社会適応の良し悪しは占えません。②の例のように、勉強ができなくてもうまくいく人もいます。反対に、勉強をしても①のエリートコースに乗らない人もいます。
「勉強をやりたい子は、勝手に勉強する」というのは、どういうことか。参考になる事例を紹介しましょう。

事例18 自分で海外のニュースを翻訳している子

Lくんは小学生の男の子です。彼は電車が好きなのですが、電車のことをいろいろと調べているうちに、事件や事故、災害が起こると電車が運行できなくなることを知りました。そして各地のさまざまな災害が交通網に与える影響に興味をもち、それも調べるようになりました。

最初はインターネットで日本のニュースを検索していましたが、それだけでは満足できなくなり、最近ではCNNやBBCなど、海外のニュースも見ています。情報源を自分で探しているのです。英語はまだ理解できませんが、自分で翻訳アプリを探してきて、日本語に翻訳して学んでいます。過去の出来事を調べて把握していくので、各地の歴史や地理にもくわしくなってきました。最近はニュースを見て、災害対応の専門家のようなことをブツブツとつぶやいています。

勉強をするというのは、こういうことです。自分が知りたいと思ったことを調べる。調べる手段がなければ、それも探す。やりたいことをやっている子は、親や先生があれこれと教えなくても、自分で勝手に学び始めます。そして結果として、当初知りたかったことよりも広く、深く学んでいくこともあるのです。

対応 ASタイプ・ADHタイプの勉強のポイント

勉強は基本的に子ども本人のやる気に任せておいてよいのですが、子どものタイプによって勉強の仕方が多少違うこともあるので、それは少し補足しておきましょう。

ASタイプのなかには、よく勉強をする子がしばしばいます。興味があることにはとことんのめり込む傾向があり、興味がないことにも、自分である程度計画を立てて、コツコツ取り組むこともあります。ただし学力には個人差があり、学力に見合わない勉強をやっている場合には苦労します。「勉強ができる」というよりは「コツコツと地道に勉強をする」というイメージです。興味のあること、レベルに合っていることであれば、よく学んでいけます。内容や難易度が合っていない場合には、その調整を手伝うのもよいでしょう。

ADHタイプの子は気が散りやすく、勉強する習慣がなかなか定着しません。毎日宿題をやって知識をコツコツと積み上げていくような学習スタイルは、合わない場合が多いです。それよりも、**気分が乗ったときに集中して一気に勉強し、全体で帳尻を合わせるほうがうまくいきやすい**でしょう。「いざとなれば、がんばる子」というくらいに考えて、日頃はあまりプレッシャーをかけすぎないようにしたいところです。

場面別のポイント⑯ 読書

勉強関連で「子どもが本を読まない」という相談を受けることもあります。例えば、次のような相談です。

事例19 本を読むことに興味がなくて、勉強も進まない子

Mさんは小学生の女の子です。本を読むことが苦手で、勉強がなかなか進みません。漢字の書き取りや音読などの宿題に、いつも苦労しています。

親はMさんが小さい頃から、絵本の読み聞かせをしたり、子どもに人気の本を買い与えたりしてきましたが、Mさんはあまり興味を示しませんでした。読み聞かせはいちおう聞いているのですが、自分から本を手にとって読むようなことはなく、本はその後、棚に置かれたままになるのでした。

親は、どんな工夫をしたら本を読めるようになるのかと悩んでいます。友人から「うちの子は何度も音読をしているうちに、教科書を少しは読めるようになった」という話を聞き、それも試しているのですが、Mさんは音読が苦手で何度もやらせると嫌そうなそぶりを見せるため、なかなかうまくいきません。

対応1 無理に読書や音読をさせる必要はない

子どもが本を読まない場合、いろいろな理由が考えられます。

本を読むことよりも体を動かすことのほうが好きで、読書にあまり興味を示さない子もいます。読書は好きだけど、興味の幅が狭くて好きな本以外は読まないという子もいます。

子どもによって読みたい本、読みたいタイミングはさまざまです。なかには、物語はまったく読まないのに、図鑑やカタログなら飽きずに読むという子もいます。

相談にもあったように、いろいろな本を見せてみて、子どもが興味をもつかどうかを見守るということで、対応としてはよいと思います。**本人が読みたがっていないのであれば、無理に読書や音読をさせる必要はありません。**あせって読書をさせなくても、興味をもてるものがあれば、子どもは自分からいろいろなものを読むようになります。

ただし、なかには学習障害があり、読み書きをするのが難しくて本に興味を示さないという子もいます。この事例のように「読み聞かせは聞いているけれど、自分から本を読もうとはしない」という場合、読み書きの困難があるかもしれません。

その場合には、子どもが読書以外の方法で物語を楽しんだり、情報を理解したりできるようにサポートしていく必要があります。

対応2 学習障害がある場合は、音声や映像で学べばいい

子どもが本をほとんど読めないと、親としては「勉強が遅れるのでは」と感じるかもしれませんが、そんなことはありません。学習障害の子のなかには、読み書きが苦手でも、高校や大学に入ってやりたいことを学んでいる子はいます。

そういう子どもたちは、読書は苦手でも、音声や映像であれば情報を理解することができます。パソコンやスマホ、タブレットなどの機器には、文字を音声で読み上げる機能がついています。それを使えば、読むのが苦手でも文章を耳で聞いて理解できます。ドラマやアニメを見て物語を楽しむこともできます。また、文字を書くのが苦手でも、パソコンなどを使えば文章を打ち込んで、自分の考えを表現できます。

最近では、学習障害がある子に学校がパソコンやタブレットの利用を認めることも一般的になってきました。読み書きが苦手でも、絵本や教科書を読めなくても、勉強は可能ですので心配ありません。

注意　学習が足りないのか、学習障害なのかを確認する

ただし、読み書きが苦手な子のなかには、まだ文字を十分に学習していないから苦手だという子もいます。その場合は学習障害ではなく、これから学習していくということなので、読書や書き取りなどをしてもよいでしょう。

これまで通常のやり方で読み書きを十分に学習してきて、それでも苦手だという場合に

は、学習障害の可能性があります。その場合も、生活に大きな支障はない可能性もあるので、家庭で自己判断するのは避けて、医療機関などに相談しながら対応していきましょう。

場面別のポイント⑰ 運動

子どもが学校の体育の時間に逆上がりやマット運動、跳び箱、縄跳び、水泳などをうまくできず、まわりの子に笑われてしまうという相談を受けることがあります。

事例20 運動が苦手で、体育の時間に「さらし者」になってしまう子

例えば体育の授業では子どもが一人ずつ順番に実技をして見せることがありますが、そのようなやり方では、失敗したときに子どもが「さらし者」のようになって、傷ついてしまうことがあるのです。

そういうことが続くと、親が心配して放課後に練習させたり、地域のスポーツ教室に通わせたりすることもありますが、運動が苦手な子のなかには、何度も練習してもなかなか上達しない子もいます。しっかり練習をさせて苦手意識を払拭していくべき

か、それとも、無理をさせないようにして、落ち込んでいたらなぐさめるようにしたほうがよいのか。悩みどころだと思います。

対応1　運動も、無理に反復練習をさせなくてもいい

運動も読み書きと同じで、苦手なら無理をさせないほうがよいでしょう。

発達障害の子のなかには、全身運動や手作業を苦手とする子がいます。発達障害には運動面の特性もあり、全身運動では球技や逆上がり、自転車に乗ることなどを苦手とする場合があります。手作業では鉛筆や定規、ハサミなどをうまく使えない場合があります。この章の前編で「不器用で着替えをいつも手伝ってもらっている子」の例（154ページ）をあげましたが、そのような困難も、運動面の特性のひとつです。

そのような特性があって生活上の支障が出ている場合には、運動面に障害があるということで、「発達性協調運動症（DCD）」と診断されることがあります。

まだ運動の経験が少なくて、動作を身につける機会が少なかったのなら練習してもいいのですが、ある程度練習をしてもなかなか上達しなくて本人が苦しんでいるようなら、無理に反復練習をさせるのはやめましょう。日常的に動作がぎこちなくて心配になることが多ければ、医療機関に相談して、一緒に対応を検討してもらうのもよいと思います。

対応2 課題を調整して、運動を楽しめるようにしたい

読み書きが苦手な場合はパソコンなどを使って、代わりの手段で学習することができますが、運動はそういうわけにもいきません。

ただ、運動の場合、大事なのは生活に必要な身体能力を身につけることや、体をよく動かして健康を維持することです。苦手な種目を、できるようにしようとする必要はないでしょう。それよりも、子どもが好きな種目で体を使うようにすればよいと思います。

苦手な種目については、できれば学校の先生に相談して、課題を調整してもらいたいところです。運動が苦手な子でも、少し練習すれば達成できる課題であれば、苦手意識をもたずに取り組めます。例えば、逆上がりがまだできない子には、もう少し難易度の低い動作を設定してもよいと思います。短距離走であれば、走るのが速い子と同じ組にするのではなく、同程度の子と組ませるという方法があります。

大人も、ゴルフをするときには初心者にハンディキャップをつけたりします。全員が競技を楽しめるように、仕組みを工夫しているわけです。それと同じで、子どもが運動するときにも、苦手な子にわざわざ人前で難しいことをやらせるような仕組みではなく、一人ひとりが体を動かすことを楽しめるような仕組みをつくればよいのではないでしょうか。

学校は、国語や算数などの勉強については「特別支援教育」として、発達障害の子に個別に配慮をしてくれることがあるのですが、体育ではそのような対応がまだ一般的ではありません。しかし、私は運動が苦手な子への体育の「特別支援教育」も必要だと考えています。**苦手な子には「個別の課題を出す」「個別に練習できる機会をつくる」「別の課題で楽しく体を動かせるようにする」といった支援**を行うべきではないでしょうか。

子どもの「運動が苦手」という悩みには、学校側の工夫次第で解消できる部分がかなりあります。親と先生でよく相談し、子どもの苦労を減らしていきましょう。

場面別のポイント⑱　習い事

習い事に関する相談もあります。よくあるのは、習い事をやろうとしても、うまく続かないという相談です。

事例21 習い事に興味をもっても、やる気の火種が消えてしまう子

例えば「子どもが習い事を始めたけれど、すぐに『もうやめたい』と言い出した」「子どもに習い事をやりたいと懇願されて準備をしたら、急に『やっぱりやらない』と言われた」といった話があります。子どものやる気に火がついたように見えても、それが続かないということが多いようです。

対応1 習い事は「子どもがやりたいことをやる」が大原則

習い事への対応はシンプルです。子どもがやりたいことをやる。それが大原則です。この本では繰り返し解説していますが、子どもは自分がやりたいことをやっているときに自信をつけ、成長していくものです。やりたいことをやるのが一番です。

親は「将来役立つ英語を習わせよう」「苦手な水泳を克服させよう」などと考えて習い事を選ぼうとしがちですが、それは「親の都合」です。親の「こうなってほしい」という願いのために習い事を設定するのはやめましょう。

親がいろいろと考えて、習い事として「英語」や「水泳」などを子どもにすすめるのはかまいません。試してみるのもよいと思います。ただ、それを始めるかどうか、続けるか

どうかは、子ども本人に決めさせてください。**習い事は、本人が「やりたい」と言ったらやる、「やめたい」と言ったらやめるという形で、シンプルにやっていきましょう。**

そのためには、親が日頃から「やってほしい」「続けてほしい」という気持ちを見せないことが大事です。親の希望をチラチラと見せていると、子どもがそれを察して、嫌々やるようになってしまう場合があります。嫌々やっていてもよいことはないので、そうならないように、親の都合は捨てて、対応していきましょう。

もちろん、子どもがやりたがっていても、家庭の経済的な事情でサポートできない場合には、無理にやる必要はありません。危ないことや、犯罪につながるようなこともやめましょう。それ以外は「子どもがやりたいことをやる」という方針でよいと思います。

対応2 「一度決めたら最後までやりなさい」と言ってはいけない

習い事について「子どもの気が変わってしまって困る」「やる気の火種がすぐ消える」といった話を聞くことがありますが、子どものやる気は、本当にやりたいことをやっているときには、そう簡単には消えません。やる気がなくなったのなら、それほど好きではないということなので、無理に続けなくてもよいでしょう。

習い事は、子どもが「やめたい」と言ったら、スッパリとやめましょう。一度やめたとしても、好きなことならいずれまたやる気になることもあります。そのときにまた始めてもよいのではないでしょうか。

1年単位の教室などを始めた場合に、子どもが途中でやる気をなくすと、親は「自分で決めたんだから、1年間はやりなさい！」などと言ってしまいがちです。歯を食いしばって活動を続けることで「やり抜く力」や「忍耐力」をつけるのだと言う人もいます。しかし私は、それは間違った教育だと思います。

世の中では、公共事業などで問題が発覚したときに、責任者が「一度始めたのだから、途中でやめられない」と言って、事態が悪化していくのがわかっていても、事業をそのまま進めようとすることがあります。子どもに「一度決めたことは、なにがあっても最後までやらなければいけない」と教えるのも、それと同じです。

そんなことを教えるよりも、世の中には「君子豹変す」という言葉があることを教えたほうがよいでしょう。自分の行動は、自分でいつでも切り替えることができます。やってみて失敗だと思ったら、やめればいいのです。それを教えていくために「親の都合」よりも子ども自身の「やりたい」「やめたい」という気持ちを優先してください。

子どもは、本当にやりたいことを見つければ、放っておいても最後までやり抜きます。やり抜く力なんて、親が鍛える必要はありません。

場面別のポイント⑲ 不登校

勉強関連では、いろいろとつらいことがあって学校に行けなくなってしまったという相談を受けることもよくあります。具体的な事例を紹介しましょう。

事例22 保健室には行けるけど、教室には入れない子

Nくんは小学生の男の子です。1年生の頃は学校に通えていたのですが、授業や休み時間、給食の時間など、さまざまな場面でうまくいかないことが多く、欠席することが増えていき、2年生になると教室に入れなくなってしまいました。

Nくんは親に同行してもらえば家を出て、学校まで行くことはできるのですが、教室に向かうことができません。教室に入るのが怖くて、昇降口で立ちすくんでしまいます。最初は先生が迎えにきて、教室まで連れて行ってくれましたが、先生も忙しく、

いまはそのようなサポートもありません。いまは教室に入れず、保健室に登校しています。学校を休む日もあります。

親はNくんを励まして、教室に行けるようにするのがいいのか、それとも無理をさせずに休ませたほうがよいのか、考えあぐねています。

解説

この章の身だしなみの項目で、「トイレに一人で行けない」という子の話を紹介し（167ページ）、子どもができないことには「能力的な問題」と「気持ちの問題」があることを解説しました。

子どもが家庭から学校まで移動することはできるのに、教室に入ることができないというのは「気持ちの問題」です。この場合、子どもの気持ちを考え、その子がつらい思いをしないように対応しなければいけません。

この事例では、親は「学校まで子どもに同行する」、学校の先生は「子どもを教室まで連れて行く」という形で対応していますが、それはどちらも子どもを学校の教室まで移動させているだけで、本人の気持ちに対応できていません。「なぜ行けないのか」を考えずに移動することだけをサポートしていては、本人の気持ちは楽にはならないでしょう。

子どもが「なぜ学校に行けないのか」を考えてみましょう。

子どもが教室に入れない理由が「うまくいかないことが多いから」だとしたら、教室でやることを変える必要があります。Nくんが苦手としていて、やっても必ず失敗するような活動ではなく、彼が楽しみながら学べるような活動を設定する。そうすれば、Nくんの気持ちも変わっていくかもしれません。

厳しい言い方になってしまいますが、そのような**配慮を一切せず、ただNくんに「教室に行こう」「がんばろう」と呼びかけるのは、「今日もいつもの拷問部屋に行こう！」と誘うようなもの**です。

学校側が状況を理解し、Nくんに配慮してくれればよいのですが、そうでなければ、親から学校に相談しましょう。相談しても十分な配慮が得られない場合には、学校を休ませたほうがいいと思います。

対応1 親と担任だけでなく、ほかの教職員にも関わってもらう

不登校について学校側と相談するとき、最初は親と担任で話すことが多いと思いますが、親も担任も当事者なので、1対1で長く話し合っていると、話がこじれてしまうこともあります。よくあるのは、お互いに「どちらが悪いのか」という視点が出てきてしまうパターンです。そのような話し合いでは問題解決につながっていかないので、話がこじれそうなときには、第三者にも話し合いに入ってもらいましょう。

学校には特別支援教育コーディネーターやスクールカウンセラー、養護教諭など、さまざまな教職員がいます。そういう人にも相談したいということを、担任の先生や学年主任などに伝えてみてください。場合によっては校長先生や教頭先生に相談したり、参加をお願いしたりするのもよいかもしれません。

地域によっては教育委員会などにキーパーソンがいて、各校をうまくサポートしている場合もあります。校外の教育機関に相談してみるというのもひとつの方法です。

さまざまな人と話をすると、発達障害にくわしい人や子どもの言い分を理解してくれる人に出会える可能性が広がります。そうすることで学校側の配慮の仕方が変わってくる場合もあるので、ひとつのやり方として検討してみてください。

対応2 登校が難しい場合には無理せず、子どものメンタルを守る

子どもが学校に行かなくなると、親としては将来が心配になるかもしれませんが、無理に学校に行かせようとするのはやめましょう。親がいくら工夫をしても、ただ学校に行くことだけを目的としていては、子どもの苦しさは変わりません。

勉強で苦しんでいるのか、体育が苦手でつらいのか、友達づき合いに悩んでいるのか、それとも、集団行動のマナーが守れなくて浮いてしまっているのか。子どもがなぜ学校に行けないのかを考えて、その原因に対処しなければ、問題は解決しません。それができない状態では、親が学校に行かせようと努力をすればするほど子どものメンタルは損なわれ、親子関係も悪くなっていきます。

親と学校側で相談し、子どもが学校に行けない原因に一緒に取り組んでいければよいのですが、それが難しい場合には登校させることよりも、子どものメンタルを守ることを優先しましょう。そうやって、よい親子関係を維持するように心がけてください。

親子関係が崩れなければ、少なくとも家庭は子どもにとって安心できる場所になります。親が学校に行かせようとしすぎると、そのプレッシャーで子どもが家庭にいても安心できなくなる場合もあります。「学校にも行きたくないし、家にもいたくない」と思ってしまうことがあるのです。そのような対応は、絶対に避けてください。

対応 大人が2つの対策をとり、いじめを防いでいく

発達障害の子は、集団から外れた行動をとってしまうことがあります。そういうことが何度も続いて、まわりの子の反感を買い、いじめの被害にあってしまうこともあります。そのとき、ほかの子が「あの子がいつも騒いでいるのが悪い」などと言うこともありますが、騒いでいるからといって、いじめていい理由にはなりません。特定の子が「いつも騒いでいる」のであれば、大人がその対策をとるべきです。

いじめは非常に深刻な問題で、対策をとるのは簡単ではありません。ここでは、基本的な考え方を紹介します。これだけでいじめが解決するわけではありませんが、いじめ対策のおおよその方針として、参考にしてください。実際には、このような方針を念頭に置きながら状況をくわしく把握していき、個別にさまざまな対策をとっていくことになります。

①環境を調整する

子どもが集団から外れた行動をとらなくてもよくなるように、環境を調整します。この

事例の場合は、子どもがなぜ騒いでしまうのかを考えて、対応していく形になります。子どもにマナーを教えることが必要なのか。座席の配置を変えるべきか。大勢のなかで学習するのはいまはまだ難しいと考えて、親と学校で相談をしたほうがよいのか。いろいろな可能性を検討しながら、子どもに無理をさせないように、慎重に対応していきます。

②多様性の学習を行う

環境を調整しても、発達障害の子が集団から外れた行動をとることはあります。少数派の特性がある子が、いつも多数派と同じ行動をとるのは不可能です。それを前提として、学校全体で多様性についての学習を行うことも重要になります。子どもたち全員に「自分や多くの人がやっていることを同じようにはできない人がいても、その人を集団から排除してはいけない」ということを伝えていきましょう。

発達障害の子が集団に適応できず、苦しんでいる場合には、環境の調整によって本人の適応をある程度サポートしながら、同時にまわりの子の理解も深めていって、発達障害の子が適応しきれない部分がトラブルにつながらないように、対処していきます。

これは、じつはいじめの対応というよりは、発達障害への基本的な対応です。発達障害の子がいじめられてしまった場合、本人に責任があるわけではないので、発達障害の特性が無用なトラブルにつながらないように、基本的な対応をするしかないのです。

このような対応をしていくとき、「発達障害の子の行動がいじめの原因になっている」と誤解する人が出てくることもありますが、それは明確に否定しましょう。

いじめの原因は、発達障害の特性が子どもどうしのトラブルにつながっていることを、大人たちが未然に防げなかったことにあると考えてください。大人が発達障害を理解し、発達障害の子どもとそのまわりの子に適切な対応を行っていれば、いじめは起こりにくくなります。それは発達障害に限らず、あらゆることに共通して言えます。**無用なトラブルを防ぐサポートと、どんなトラブルもいじめる理由にはならないということの学習**を、発達障害に限らず、あらゆることに対して行っていきましょう。

第5章

あらためて、発達障害の子の育て方とは？

「発達障害の子の育て方」とは

この本では「発達障害の子は個性的なので、親も常識にとらわれないで、子どもに合わせて柔軟にやり方を変えたほうがいい」ということを、繰り返し解説してきました。

そして発達障害の子を育てるうえでの基本的な考え方、具体的なほめ方・叱り方、場面別のポイントを紹介してきました。

冒頭でもお伝えしましたが、発達障害の子はそれぞれに個性的です。一人の子どもにこの本の内容がすべて当てはまることはないでしょう。役に立ちそうなところをピックアップして使うようにしてください。

さまざまなやり方を紹介してきたので、おそらくみなさんには、すぐに試せそうなことをいくつか見つけていただけたのではないかと思いますが、その一方で「本当にそこまでやらないといけないの？」と感じることもあったのではないでしょうか。

そこで、最後にあらためて「発達障害の子の育て方」をまとめて終わりたいと思います。発達障害の子をどんなふうに育てていくか。あらためて、考えていきましょう。

「早期発見・早期療育」が大事？

発達障害の子どもの育て方として、よく「早期発見・早期療育」が大事だと言われます。早期発見は発達障害に早く気づくこと。早期療育は早く「療育」をすることです。

これは確かにそうなのですが、「療育」というのは特殊な言葉で、療育をどうとらえるかによって、早期療育の意味も変わってきます。世の中にはさまざまな「療育」があり、その内容によって、**早期療育がよい対応になることもあれば、決してよいとは言えない対応になることもある**のです。どんな療育が適切なのかを考えることが大切です。

そもそも「療育」とはなにか？

「療育」の源流を探ってみると、ウィーン大学の小児科医で、発達障害研究で有名なハンス・アスペルガー医師（１９０６－１９８０）がいた「ハイルペタゴギーク」という部門にたどり着きます。おそらくこれが源流のひとつでしょう。ドイツ語で「ハイル」は治療する、「ペタゴギーク」は教授法という意味です。「治療教育」という意味合いだったと考えられます。障害のある子の治療研究として行われていたわけです。

日本では、「肢体不自由児教育の父」といわれる高木憲次医師（１８８９－１９６３）が肢体不自由の子どもへの治療として、療育の源流をつくられました。高木先生は明確に「療育」という言葉を使っています。「医療、訓練、教育など現代の科学を総動員して障害をできるだけ克服し、その子どもがもつ発達能力をできるだけ有効に育て上げ、自立に向かって育成すること」といった形で療育を定義されました。

その後もさまざまな方々の研究や実践を通じて、療育は発展してきました。現在では、療育とは**「治療的な視点をもちながら教育をしていくこと」**を総合的に指す言葉と考えてよいと思います。

障害の「克服」をどう考えればよいか

高木先生の言葉に「障害をできるだけ克服」という一文があります。これを発達障害に当てはめて考えると、対人関係の困難や不注意といった特性によって起きる問題を、どれだけ減らせるのかということになりますが、そこには少し注意が必要です。

発達障害の子の場合、短期的に対人関係の困難などが減ったとしても、長期的に見ると、より大きな困難があとになって出てくることもあります。

例えば、会話の練習をすることで対人関係が改善したという子が、じつは必死で相手に合わせていただけで、表面的には改善したように見えても、内面的には強いストレスを感じている場合があります。そこでまわりの人が「問題は解消した」と誤解してしまうこともあるのです。そういう状態の子は、思春期になって対人関係が複雑になってきた頃に「もう無理だ」と感じて不登校になったり、抑うつや不安などに苦しんだりすることがあります。

目先の効果よりも、子どもの気持ちを大切に

もちろん、会話の練習をして、実際に対人関係が改善していく子もいます。練習がいけないということではありません。

ただ、目先の効果にこだわると、子どもに無理をさせてしまうこともあります。そうならないように、子どもの気持ちをいつも大切にしてください。なにか対応をするときには、

それが「子どもに合っているか」をいつも考えるようにしましょう。子どもが苦労せずに学べているかどうか。楽しそうに取り組めているかどうか。嫌そうにやっていないか。そういうことを見ながら練習していくのであれば、よいと思います。

「子どもが楽しみにしているか」を考える

いま、医療機関や療育機関などで、さまざまな療育が行われています。海外でエビデンスがあるとされている取り組みを導入しているところもあれば、独自のプログラムを組んでいるところもあります。具体的な内容を見ても、教科学習の補習を中心にしているところ、遊んでリラックスする時間が多いところ、コミュニケーションの練習を積極的にやっているところなど、さまざまです。

多種多様なものがあるので、どの取り組みがよいのか、悩むこともあるのではないでしょうか。そういうときに、エビデンスの有無や具体的な活動内容を参考にするのもよいのですが、私は**「子どもがそこに行くのをどれだけ楽しみにしているか」**をよく考え、大切にすることをおすすめしています。

例えば、自由時間が多くてリラックスできるところは、誰にでも向いているように思えるかもしれません。しかし発達障害の子のなかには、枠組みがないと自分がどんな活動をすればよいのかがわからなくて、ストレスを感じるという子もいます。親が「あそこに行けば楽しく過ごせる」と思っていても、子どもは「楽しくない」と感じている場合もあるのです。

そういう子は「宿題をする時間」などが明確に決まっているところに行ったほうが、活動しやすくなることもあります。その時間にサポートを受けながら集中して宿題を済ませ、家に帰ったら好きなことをするというスタイルのほうが、ストレスなく過ごせて多くのことを学べる場合もあるわけです。

学校教育でも、無理をしないほうがいい

学校教育にも、同じようなことが言えます。

発達障害の子は学校で「特別支援教育」を受けることがあります。特別支援教育は、子ども一人ひとりのニーズに応じて、個別の支援を行う教育のことです。いろいろなやり方

があり、子どもが通常学級で特性に応じた個別の配慮を受ける場合もあれば、「特別支援学級」や「通級指導教室」「特別支援学校」など、より専門的な枠組みのなかで配慮を受ける場合もあります。

そのような教育でも、子どもに合った環境を選ぶことがとても大切になります。例えば親が「通常学級で教科学習をしっかりやったほうが将来のためになる」と考えていても、子どもは勉強が苦手で、読み書きの支援を受けられない環境では学習が進みにくいという場合もあります。そのような環境で無理をしていると、勉強が苦手なだけでなく、勉強への意欲を失ってしまうこともあるでしょう。

読み書きの苦手な子が、読み書きを前提としている環境で学習するのは、全力ダッシュでマラソンをするようなものです。そんなことを毎日繰り返していたら、歩くのも嫌になるでしょう。そういう環境では、子どもが鉛筆を持つこと、教科書を開くことさえ嫌がるようになる場合があります。

もちろん、通常学級で読み書きの支援を受けられることもあります。通常学級を選んではいけないということではありません。学校教育でも「子どもに合っているかどうか」を考えることが大切なのです。学級を考えるときにも「子どもが楽しく通えているかどうか」

をよく見て、対応していきましょう。

みんなで一緒に学習したほうがいい？

世の中には「子どもが多少苦労をするとしても、大勢のなかみんなで一緒に学んだほうがいろいろと経験できることが多く、よい学習になる」と考える人もいます。

しかし私はその「みんなで一緒に」ということを、よく考えなければいけないと思っています。

障害のある子と障害のない子が共に学習する仕組みを「インクルーシブ教育」と言います。多様な人たちが共に生活していく「共生社会」をつくっていくための教育とされていますが、そのような考え方では通常、「みんなで一緒に」というときに英語の「together」、日本語で言う「共に」をイメージすることが多いと思います。多様な子どもたちがそれぞれに合ったやり方で学習しながら、共に生活していくというイメージです。みんなでサッカーをするときに、それぞれ違うポジションで得意なことをしているような感じですね。

本来のインクルーシブ教育は「みんなで同じ」でなくていい

ところが、この**「みんなで一緒」を「みんなで同じ」ようにすることだと考え違えてしまう人**もいます。例えば学校で、障害のある子も障害のない子も、みんなで同じことをするのがインクルーシブ教育だととらえる人もいるのです。

学校の先生のなかには、子どもたち全員に同じ宿題を出して、同じやり方でやるように指示する人もいます。読むのが得意で大人向けの文章をスラスラ読めるような子にも、読むのが苦手で教科書の一文を読むことに苦労している子にも、「音読3回」といった宿題を出すのです。

これはtogetherではなく、英語で言えば「same」です。サッカーで言えば、どんな子にも必ずシュートを打たせるようなものです。走るのが得意な子も守るのが得意な子もシュートだけをやるわけで、それでは多様な学習も、共生社会も形成していけません。そのようなやり方は、間違ったインクルーシブ教育だと言えます。

私は、インクルーシブ教育は本来、together（一体感のあるみんなで「一緒に」）というよりは、英語で言う「alongside」（並行してそばで「一緒に」）のような形で行われるべきだと考えています。日本語で言えば「そばで」「横に並んで」「隣に」という意味になります。

みんなで共に活動をしつつ、多様な子どもたちがそれぞれの興味や能力に合ったことを通じて学習している。例えば、走るのが速い子たちのそばで遅い子たちがサッカーをやったり、ドッジボールが得意な子のそばで苦手な子たちはやわらかいスポンジボールで楽しんだり……スポーツは本来楽しみながらやるものです。上手な人は上手な人なりの楽しみ方があり、苦手な人は苦手な人なりの楽しみ方があります。

子どもたち「みんな」を同じチームにせずに、あえて分けてもいいのでは、と思います。あるいは、みんなが同じチームでプレイするときには、苦手な子がゴールを決めたら、得点が倍になるといったルールにしてもいいと思います。そのようなスタイルであれば、どんなタイプの子ものびのびと学習していけます。

親が考える「間違ったインクルーシブ教育」

ところで、発達障害の子どもの就学に際し、**「通常学級」か「特別支援学級」**（障害のある子ども向けに特別に設置された少人数学級）、どちらの学級に在籍するかで悩む親御さんは少なくないでしょう。加えて、基本は通常学級に在籍しながら、一部の授業について障害に応じた特別の指導を受ける**「通級」**という選択肢もあります。

親御さんのなかには**「定型発達の子どもたちとすごすことがよい刺激になる」**と考え、通常学級を選択する人もいます。

でも「よい刺激になる」と、はたして本当にそう言えるのでしょうか。

実際に通常学級に在籍した発達障害の当事者に、大人になってから学校生活を振り返ってもらうと、「自分ひとりが孤立しているように感じた」「先生や友達の態度や言葉にストレスを感じていた」「まわりと同じようにできなくて迷惑をかけて心苦しかった」と答える人が大勢いました。そう言うのは通級などの配慮はなしに通常学級に在籍した人たちです。

つまり、**なにも配慮せずにただ通常学級に入れるというのは、子どもの自尊心やまわりの人との人間関係を傷つけてしまいかねない**ことなのです。発達障害の特性が致命的な弱点になるのは、その特性を本人やまわりの人が理解できず、無理を重ねて失敗や衝突を繰り返してしまったときです。

第2章でもお伝えしましたが、発達障害の特性だけならば、比較的順調にすごしている当事者が多いのです。成長するにつれ二次障害を伴って苦しんでいるのは、無理を重ねて適切な環境で育てられなかった人たちに多いことを覚えておいてください。

発達が気になる子ども、保護者にどう伝えるか？

私が講演会の場で、保育園や幼稚園の先生からよく受ける相談内容を紹介します。それは**「発達が気になる子どもがいるのだが、保護者にどのように伝えたらいいのか？」**という相談です。

それに対して、私は「保護者には、客観的な事実に基づいてお話をしましょう」とお答えしています。例えば、次のように事実をお話しします。

- 多くの子は必要なときに座っていられるのに、○○ちゃんはじっと座っていない
- だいたいの子は楽しめているけれども、○○ちゃんは楽しくないようだ
- 学芸会の練習でほとんどの子は合唱しているのに、○○くんは歌おうとしない
- ○○くんは興味がなくなるとじっとしていられず、部屋から出ていく

親も、わが子を客観視するというのは大事です。

第3章では叱り方のヒントとして、「一度、親戚の子どもを預かっているつもりで叱ってみるといい」というお話をしました。それには期待をかけすぎずに**「親戚の子ども」くらいの距離感で、わが子を客観視してほしい**という意図もあります。

なかなか親が「客観視」というのは難しいかもしれませんが、子どもをありのままに正しく見るという点では大事なことだと思います。

前項の冒頭で、子どもの就学に際し学級の選択に悩む親御さんの話をしましたが、お子さんが無理をしないですごせる環境も、客観視を意識して見極めてほしいと思います。

学力や知的能力の高さと社会適応は分けて考える

また、親はどうしても、子どもの学力についても気にしてしまうものですが、それもいきすぎれば子どもに無理をさせる一因となります。

学歴がものを言う世界で生きてきた人の場合、子どもにも学力をつけてほしいと思うかもしれませんが、第4章で解説した通り、**学力の高さと社会適応のよさは一致しないこと**

もあります。学力と社会で生きていく力は、分けて考えましょう。子どもが社会適応で苦労しないようにするためには、生活スキルを磨いていくことが重要です。

また、学力と同じように、**知的能力の高さも、社会適応のよさに必ずしも直結するものではありません。**その2つも分けて考えていくようにしましょう。

知的障害がある場合、社会参加の仕方が制限されることがあります。例えば大人になったとき、一般の仕事をすることは難しくて、福祉的な就労を選ぶことがあります。しかし、自分に合った仕事を選び、自分に合った生活を組み立てていけば、メンタル面では落ち着いた状態で生活を送れるようになります。

多くの人とは知的能力が違うため、社会参加の仕方も違う形になることがありますが、その人なりのやり方で、十分に社会適応していくことができるわけです。この場合もやはり、子どもに合ったやり方、子どもに合った環境を選んでいくことが重要です。

発達障害と知的障害も、分けて考える

発達障害と知的障害は重複することがありますが、私はこの2つも分けて考えたほうが

よいと思っています。

発達障害は発達の特性があって生活上の支障がある状態です。知的障害は、知的能力が平均に比べて低く、生活上の支障につながっている状態です。

発達障害の子に知的障害が重複する割合は、定型発達の子に知的障害がある割合と基本的に変わらないと思われます。

発達障害と知的障害を重複している子には、発達の特性への対応と、知的能力への対応をそれぞれ検討します。これも結局は、子どもを見て、その子に合った対応を考えていくということに尽きるのですが、その際に、**発達障害と知的障害を分けてそれぞれへの対応を考えたほうが検討しやすい**というのが、私の考えです。

子どもの強みに基づく育て方をする

この本では発達障害への対応を解説してきたわけですが、私は発達障害への対応は、子どもの特性を理解し、その子に合ったやり方や環境を整えることがすべてだと考えています。子どもの特性を否定するのではなく、特性を理解し、その子の強みに基づく育て方をしていく。そうすれば、子どもはその子なりのやり方で社会に適応し、その子らしくのびのびと生活していきます。

例えば**ASの特性**があり、話し言葉で会話をするよりも文字でやりとりをするほうが得意な場合には、その強みをいかしてコミュニケーション力を育てていく。口頭で挨拶や雑談をするのが苦手なら、それを無理に克服しようとしない。それよりも、メールやアプリなどを使って、好きなことを楽しく語り合う経験を重ねていく。そうしているうちに、文字ベースであれば挨拶や雑談ができるようになる子もいます。結果として、口頭でも挨拶ができるようになっていく子もいます。

第4章のゲームの項目で、好きなゲームを上手にプレイする先輩には敬語を使えるようになった子の例を紹介しましたが（213ページ）、発達障害の子はそのような形で、自分なりにコミュニケーションを身につけていくものです。「ふつうのやり方」を強要しないで、その子らしいやり方で成長していけるようにサポートしましょう。

ときには、ちょっと非常識なやり方、裏技的なやり方になるかもしれません。それを見て親として「そこまでやらなきゃいけないの？」と思うかもしれませんが、なにより子どもが否定されず、尊厳を失わず、その子らしく成長していけるのなら、やらせてみてもいいのではないでしょうか。

ＡＳにはＡＳの発達の道すじがある

このような考え方をしているのは、私だけではありません。例えば、モントリオール大学のローレン・モトロン教授は、以前から「ＡＳ的な言語発達ではいけないのか」といった問題提起をされています。

モトロン教授はＡＳの特性がある子を小さい頃から定型的な言語発達ルートに導こうとしても効果が弱いと提言しています。ＡＳの特性がある子には、非言語コミュニケーションをある程度理解してから言語発達していくという特徴があり、特に幼児期には発話でコミュニケーションをとるよりも、書かれたものに興味を示すことがある。そういうスタイルを有効活用して、言語を獲得していくほうがよいのではないかというのが、彼の主張です。

例えば聴覚障害の子に言葉を教えるときには、口頭で伝える努力をしつつ、身振りで示す「サイン言語」のようなコミュニケーション手段も教えます。それと同じように、ＡＳ

の特性がある子にもその子に合った言語発達の経路があり、その子に合った工夫が必要です。

興味を豊かにすることが発達につながる

「子どもの非社会的興味を豊かにすること」をゴールにすえて、対応していくことも重要です。「非社会的興味」というのは簡単に言えば、「対人関係などの社会的なもの」以外への興味です。例えば「電車が好き」「昆虫が好き」「絵を描くのが好き」というような、事物や活動そのものへの興味を指します。そういう興味を豊かにするなかで、社会的なものへの興味はあとから発達してくるということです。

発達障害の子は、その子なりに興味をもったことを通じて、その子なりのやり方で発達していくことが多いです。それは非定型な発達に見えるかもしれませんが、その子にとっては、それが「発達の最近接領域」（125ページ）をたどって成長していく道すじだということです。

ゲームを好きな子がゲームの上手な先輩に対し敬語を使えるようになったように、ＡＳ

的な発達をたどった子もやがてはある程度、定型的なコミュニケーションを身につけていくこともあります。

大事なのは「早期発見・早期ブレーキ」

ここまで「療育とはなにか」「療育をどう選ぶか」「インクルーシブ教育とは」「知的障害がある場合は」といったことを解説してきました。療育にはさまざまな考え方、やり方があり、なにをするかによって、子どもの育ち方は変わります。繰り返しになりますが、子どもに合った療育、子どもに合った対応をすることが大事です。

私は最近、**「早期発見・早期ブレーキ」が大事**だとお伝えしています。

発達障害の特性に気づいたとき、とにかくすぐに療育を始めればよいというわけではありません。子どもに合わない療育では、かえってストレスが増えることもあります。あせって療育を進めるよりも、まずは子どもの特性を理解することが重要です。子どものことを理解できれば、その子に合った育て方も見えてきます。

特に、子どもを平均的な子だと思い、ほかの子と同じように育ててきた場合には、親の意識の切り替えが重要になります。そのまま「まわりの子もできているから」「せめてこれくらい」と思っていたら、子どもに無理をさせてしまうことがあるからです。

発達障害に気づいたときには、それまでの子育てに一度ブレーキをかけ、立ち止まって、子どもを理解することに時間を使いましょう。ブレーキを早くかけることができれば、そのぶんだけ、子どもに無理をさせる可能性も減ります。そういう意味で「早期ブレーキ」が重要になるのです。

子育てにブレーキをかけ、ギアチェンジする

私は、発達障害の子を育てていくというのは、子育てのギアチェンジをするようなものだと考えています。

親は、一般的なイメージで「子どもはこういうふうに育っていくもの」と思い、親として「こんなふうに育ってほしい」と願いながら、トップスピードで走ってきたとします。そこで発達障害の特性に気づき、これまでの子育てにブレーキをかけました。そのままでは子どもに無理をさせてしまうかもしれないということが、少しずつわかってきます。そし

て子どものことを理解し、その子に合ったやり方に少しずつ変えていく。**親は子育てのギアチェンジをして、子どもに合ったスピード、子どもに合った走り方で、また走り出そうとしていく**わけです。

専門家の仕事は、そのギアチェンジを手伝うことです。親が、さまざまな希望や願いをもって続けてきた子育てを、ある日を境に大きく変えるというのは、とても大変なことです。発達障害の子どもを育てる親御さんたちはみなさん、その大変なことに取り組んでいます。どんなギアからどんなギアに切り替えればよいのか。具体的にはなにをすればよいのか。その切り替えを少しでもスムーズに進めるために、必要に応じて専門家に相談してください。

ギアチェンジすると、親も子どもも楽になる

私のところに相談にこられる親御さんはみなさん、子育てにいろいろと悩んでいます。ですから私は、どうすればお子さんも親御さんも一番楽になれるだろうか、ということを考えます。親御さんたちにも、「どうすれば子どものためになるのか」を考えるのも大事だ

けれど、**「どうすれば自分も子どもも、楽しく日々の生活が送れるようになるか」**と考えてみるのが一番よいのだということを、お伝えしています。

子育てをうまくギアチェンジできた場合、お子さんがのびのびとすごせるようにもなりますが、その結果として、親御さんも楽になるものです。私はそういう見通しもお伝えしながら、親御さんのギアチェンジをお手伝いしています。

親が意識を切り替えるのは簡単ではない

ただ、ブレーキやギアチェンジの話をしても、親御さんがすぐに「わかりました！」と反応することはほとんどありません。ほとんどの方が最初は反応がなく、良いとも悪いとも言えない、複雑な表情をされます。

親御さんはいろいろなものを背負って、子育てをしてきています。親自身も子どもに希望を抱いていますし、周囲からの期待もあります。お子さんが順調に育っていない場合には、自分の責任ではないかという恐怖も感じるでしょう。自分は親として失格ではないかと悩みながら、診察室にこられる方もいます。

そこで、いきなり「育て方を変えましょう！」「親も子も楽になります！」などと言われても、半信半疑になるのが当然でしょう。ここまで本書を読まれたみなさんのなかにも、子育てのブレーキやギアチェンジの話をまだ信じられない方もいるかもしれません。

実践しながら、意識を切り替えていく

みなさんにはぜひ、この本で紹介した方法をいくつか試していただきたいと思います。実際にブレーキをかけて子育てのやり方を変えてみると、子どもの反応が変わり、うまくいくようになることがあります。

そういう成功体験が続いて、初めて「ギアチェンジが大事って、本当だったんだ」と思えるようになるでしょう。実践を重ねていくうちに、それまで意識してきたことが溶けるようになくなっていき、考え方が変わっていく。育児観のコペルニクス的転回を体験する瞬間があるのです。

私がお会いしてきた親御さんたちも、時間をかけていろいろなことを試しながら、子育てを見直していっています。そうやって親が変われば、子どもも変わっていきます。いつ

始めても手遅れではありません。

特性はそのままだけど、生活の質は向上する

私が関わったお子さんの親御さんが、子育ての手記を書いてくださったことがあります。その方は、お子さんの発達がほかの子どもとは違い、育児書ともまったく違っていたと述べておられます。けれど「なんでうちの子はできないんだろう」と思わずに、子育てをお子さんのペースで進めていった。その結果、生まれもった特性はそのままだけれど、生活の質は向上したというふうに、書いてくださいました。

定型発達に近づいているかというと、そうではない。変わらないところは変わらない。でも、変わるところは変わる。生活の質は向上する。それが発達障害の子の育ち方のひとつの理想的なイメージだと思います。

私はこの本を、生来の特性はそのままに、順調に生活していける子育てのヒントとして、使っていただきたいと思っています。この本では発達障害の子の育て方として、さまざま

なやり方を紹介しました。それを使ってお子さんに合うやり方、お子さんに合う環境を探していってほしいと願っています。

そしてお子さんが無理をしなくていいように、二次障害に苦しむことがないように、お子さんのペースでサポートをしてほしいのです。そのお手伝いをするために、この本を書きました。みなさんが子育てのギアチェンジをして、親子がともに楽しく暮らしていけるように、心から願っています。

おわりに

私は1988年に精神科医として自分のキャリアをスタートさせました。今年で34年目になります。最初は主として大人のさまざまな疾患を対象として幅広く診療していましたが、自閉スペクトラム症（ASD）に興味をもち、それを専門にしようと決めました。

1991年から横浜市総合リハビリテーションセンターに勤務し、そこでたくさんの発達障害の子どもたちを診療しました。当時から横浜市は乳幼児健診を積極的に活用して障害のある子どもの早期発見に取り組んでおり、地域に住む知的障害の子どもや発達障害の子どもたちが次々と保健師の紹介で受診してきました。

そのおかげで、私は20代からASD、ADHD、LDなどの発達障害の子どもたちを、早ければ2歳前半から外来で診療するようになったのです。当時、そのような若手の医師は極めてまれでした。リハビリテーションセンターを辞めるまで、約20年にわたってその子どもたちを定期的に診療し続けた結果、何百人もの発達障害の方たちを幼児期から成人期に達するまで継続して診療することになりました。いまもその方たちの再診を続けており、幼児期から30代半ばまで継続して診療している人もいます。

横浜を離れてからは、山梨県を経て、現在は長野県の大学病院の子どものこころ診療部で診療しています。ここでは、主として不登校、家庭内暴力、うつ、不安などの行動や情緒の問題が出てきた小～中学生の診療に当たっています。その過半数には、背景に発達障害またはその特性があるのです。

私は、発達障害を専門にするようになってから今年（2021年）でちょうど30年たちます。そのうち最初の20年は横浜で幼児期から関わる人たちの診療を、最近10年は山梨、長野で小学校以降の人たちを中心に診療をしてきました。同じ発達障害といっても、前者と後者では問題の表れ方がずいぶん異なります。その違いは、二次障害の有無からくるものが多いと感じています。

いま、大人になってから発達障害ではないかと相談機関や医療機関を訪れる人たちが、とても多くなっています。そのような人たちは、生活のなかでさまざまな「生きづらさ」があると述べ、その要因が発達障害ではないかと考えて相談に来られます。しかし、**生きづらさの背景には発達障害だけでなく二次障害が加わっていることが多い**のです。

私もこの10年は二次障害のある発達障害の人たちに関わる機会が増え、少しずつ感触は得ています。時間がかかりますが、二次障害を改善させ、生きづらさを軽減する方法は、あると思っています。でも、**二次障害に対する最大の対策は予防**だということを痛感しています。

これまで私は、発達障害についていろいろな本を執筆・監修してきました。発達障害がまだあまり広く知られていない時期だったので、「発達障害とはなにか？」という説明に字数を割いてきました。しかし、二次障害を改善すること、そしてなによりも二次障害の出現を予防して、**発達障害の特性があっても子どもがのびのびと育つためには、育て方について本を執筆する必要がある**と痛感するようになりました。

この本では、幼児期から思春期にさしかかる時期までの子どもに限定して、発達障害またはその特性のある子どもの育て方について述べました。ふだん診察で親御さんたちにお伝えしている具体的な話を、なるべくたくさん載せるようにしました。

私が30年にわたる臨床経験のなかで、このように考えるとよい、このようなやり方が間違いないと思えることだけをお伝えしています。親御さんたちにとって意外に思えることや、すぐには受け入れにくいようなことも書いたかもしれません。でも、**臨床の現場で私**

たち専門家が感じていることを、なるべく率直にお伝えするようにしました。

できればこの本を何度も読み返し、少しずつお子さんとの接し方を工夫してみてください。きっとお子さんの表情が明るくなる瞬間があると思います。そして、親御さんも「子育てが楽しくなった」「少し自信がついた」と思えるようになるときが来ると思います。

もし、お子さんが発達障害かもしれないと感じて、初めて発達障害について知りたいと思われた方は、次ページの参考図書に挙げた私の著書を合わせて読んでみてください。

最後になりますが、この本の執筆をあと押しし、子育て中ならではの貴重なコメントをくださった中本智子氏、そして執筆に際して多大なご協力をいただいた石川智氏に深く感謝申し上げます。

２０２１年９月
本田秀夫

読者のみなさんへの参考図書（著者による執筆・監修・共著）

子育て全般について学びたい方向け

『ひとりひとりの個性を大事にする にじいろ子育て』（講談社、2018年）

発達障害の基本的なことを知りたい方向け

『自閉症スペクトラム　10人に1人が抱える「生きづらさ」の正体』（SBクリエイティブ、2013年）
『自閉症スペクトラムがよくわかる本』（講談社、2015年）
『自閉症スペクトラムの子のソーシャルスキルを育てる本　幼児・小学生編』（講談社、日戸由刈、2016年）
『ADHDの子の育て方のコツがわかる本』（講談社、日戸由刈、2017年）
『発達障害がよくわかる本』（講談社、2018年）
『発達障害　生きづらさを抱える少数派の「種族」たち』（SBクリエイティブ、2018年）

さらに知識を深めたい方向け

『アスペルガー症候群のある子どものための新キャリア教育』（金子書房、日戸由刈、2013年）
『自閉スペクトラム症の理解と支援　子どもから大人までの発達障害の臨床経験から』（星和書店、2017年）

思春期〜成人期の発達障害について知りたい方向け

『なぜアーティストは生きづらいのか？　個性的すぎる才能の活かし方』（リットーミュージック、手島将彦、2016年）
『自閉症スペクトラムの子のソーシャルスキルを育てる本　思春期編』（講談社、日戸由刈、2016年）
『あなたの隣の発達障害』（小学館、2019年）
『最新図解　女性の発達障害サポートブック』（ナツメ社、植田みおり、2019年）

著者略歴

本田秀夫（ほんだ・ひでお）

◎信州大学医学部子どものこころの発達医学教室教授・同附属病院子どものこころ診療部部長、特定非営利活動法人ネスト・ジャパン代表理事

◎精神科医。医学博士。1988年、東京大学医学部医学科を卒業。東京大学附属病院、国立精神・神経センター武蔵病院を経て、横浜市総合リハビリテーションセンターで20年にわたり発達障害の臨床と研究に従事。発達障害に関する学術論文多数。英国で発行されている自閉症の学術専門誌『Autism』の編集委員。2011年、山梨県立こころの発達総合支援センターの初代所長に就任。2014年、信州大学医学部附属病院子どものこころ診療部部長。2018年より現職。日本自閉症スペクトラム学会会長、日本児童青年精神医学会理事、日本自閉症協会理事。

◎著書に『発達障害がよくわかる本』（講談社）、『自閉症スペクトラム』『発達障害　生きづらさを抱える少数派の「種族」たち』（いずれもSB新書）など多数ある。

SB新書　558

子《こ》どもの発達障害《はったつしょうがい》

子育《こそだ》てで大切《たいせつ》なこと、やってはいけないこと

2021年10月15日　初版第１刷発行
2024年９月30日　初版第12刷発行

著　者　本田 秀夫

発行者　出井貴完

発行所　SBクリエイティブ株式会社
〒105-0001　東京都港区虎ノ門2-2-1

装　幀　長坂勇司（nagasaka design）

組　版　ごぼうデザイン事務所

編集協力　石川 智

イラスト　村山宇希

編集担当　中本智子

印刷・製本　大日本印刷株式会社

本書をお読みになったご意見・ご感想を下記URL、
または左記QRコードよりお寄せください。

https://isbn2.sbcr.jp/04615/

落丁本、乱丁本は小社営業部にてお取り替えいたします。定価はカバーに記載されております。本書の内容に関するご質問等は、小社学芸書籍編集部まで必ず書面にてご連絡いただきますようお願いいたします。

©Hideo Honda 2021 Printed in Japan

ISBN 978-4-8156-0461-5